editorial Sol90

图说人类文明史
罗马帝国

西班牙 Sol90 出版公司　编著

同文世纪 组译　刘越 译

中国农业出版社
农村读物出版社
北京

图书在版编目（CIP）数据

图说人类文明史. 罗马帝国 / 西班牙Sol90出版公司
编著；同文世纪组译；刘越译. —— 北京：中国农业出
版社，2024.9
　　ISBN 978-7-109-28328-2

　Ⅰ. ①图… 　Ⅱ. ①西… ②同… ③刘… 　Ⅲ. ①文化史
—古罗马 　Ⅳ. ①K12

中国版本图书馆CIP数据核字(2021)第115275号

GRANDES CIVILIZACIONES DE LA HISTORIA

Roma Imperial

First edition © 2008, Editorial Sol90, Barcelona
This edition © 2020, Editorial Sol90, Barcelona, granted in exclusively to China Agricultrue Press for its edition in China.
www.sol90.com

Author: Editorial Sol90

Based on an idea of Daniel Gimeno
Editorial Management Daniel Gimeno
Art Direction Fabián Cassán
Editors 2019 Edition Joan Soriano, Alberto Hernández
Writers Juan Contreras, Gabriel Rot
Research and Images Production Virginia Iris Fernández
Proofreading Edgardo D'Elio
Producer Marta Kordon
Layout Luis Allocati, Mario Sapienza
Images Treatment Cósima Aballe
Photography Corbis, Science Photo Library, Getty, Sol90images
Illustrations Dante Ginevra, Trebol Animation, Urbanoica Studio, IMK3D, 3DN, Plasma Studio, all commisioned specially for this work by Editorial Sol90.
www.sol90images.com

图说人类文明史

罗马帝国

First edition © 2008, Editorial Sol90, Barcelona
This edition © 2020, Editorial Sol90, Barcelona, granted in exclusively to China Agricultrue Press for its edition in China.
All Rights Reserved.
本书简体中文版由西班牙Sol90出版公司授权中国农业出版社有限公司于2023年翻译出版发行。
本书内容的任何部分，事先未经版权持有人和出版者书面许可，不得以任何方式复制或刊载。
著作权合同登记号：图字 01-2020-4879 号

中国农业出版社出版
地址：北京市朝阳区麦子店街18号楼
邮编：100125
项目策划：张志　刘彦博　　责任编辑：黎思玮　　责任校对：吴丽婷　　责任印制：王宏
翻译：同文世纪 组译　刘越 译　　审定：廖紫蕙　　丛书复审定：刘林海　　封面设计制作：张磊　　内文设计制作：赵永彬
印刷：鸿博昊天科技有限公司
版次：2024年9月第1版
印次：2024年9月北京第1次印刷
发行：新华书店北京发行所
开本：889mm×1194mm　1/16
印张：6
字数：200千字
定价：98.00元

图说人类文明史

罗马帝国

目　录

前言：一座被称为"罗马"的城市

下图为君士坦丁政府发行的纪念章，君士坦丁大帝（Constantino）将罗马帝国的首都从罗马迁至君士坦丁堡，从此，罗马帝国的权力中心转移到了地中海东部。

据传说，罗马诞生的确切地点和时间是通过飞鸟占卜决定的。一只母狼从台伯河中救起罗穆路斯（Rómulo）和他的兄弟雷穆斯（Remo）并哺育他们成长，而罗穆路斯知道如何解读神谕。当鸟群从天空中飞过，朱庇特神（Júpiter）为这座崭新的城市描绘了未来的蓝图，而这座城市的命运将毫无疑问地朝帝国发展而去。随着时间的流逝，罗马渐渐占据了从大不列颠到撒哈拉大沙漠，从伊比利亚半岛到幼发拉底河的广大疆域。最初，在前753年，罗马城建立，并采用了伊特鲁里亚王政体制。到了前509年，罗马共和国成立。最终在前27年，罗马帝国走上了历史舞台。现代许多学者认为，后来发展成了罗马帝国的罗马城，其实最早就是由伊特鲁里亚建立的。他们建立城市，建立了首批行政机构。在发展过程中，罗马采用了类似希腊城邦制度的王政体制。

罗穆路斯成为罗马第一任国王，受希腊城邦政治的影响，他在行使权力时结合了独裁和一定程度迎合民众的政策。然而，当希腊形成了特定的城邦联盟却一直未能巩固这种各自为政的政治共同体时，罗马则或通过外交手段，或通过武力不断对外扩张并统治邻国。随着王政贵族的政治特权不断得到增强，以及平民对获得政治权力的要求持续增长，两个阶级之间的冲突也在不断升级。此时，罗马的版图正向整个地中海地区延伸，而扩张让共和制取代王政成为可能。古老建城者的后代组成了稳固的贵族阶层，其通过巧妙地向更广泛的社会阶层让渡一部分权益来维持自己的特权。他们不断地征服其他民族，大量使用奴隶，精进军队，建立严格的法制，并推行被称为"面包和马戏"的公共娱乐活动来分散民众的注意力。终于，共和国正式成了一个帝国，引用恺撒（César）的话就是"骰子已经掷出了"。

经过几个世纪后，统治着广袤疆域的罗马帝国的霸权最终受到影响，开始走下坡路。君士坦丁一世（君士坦丁大帝）是统一帝国的最后一任统治者，不久，狄奥多西大帝（Teodosio）最终将其分为东罗马帝国和西罗马帝国。东罗马帝国延续了千年，而西罗马帝国则在"蛮族"叩响国门之际难以为继。与此同时，基督教以缓慢但不可阻挡的力量蔓延，而当时的欧洲，除了东罗马帝国外，没有一个国王敢称帝。随着民族之间的碰撞和思想的多元化，欧洲进入了一个新的时代，即中世纪。

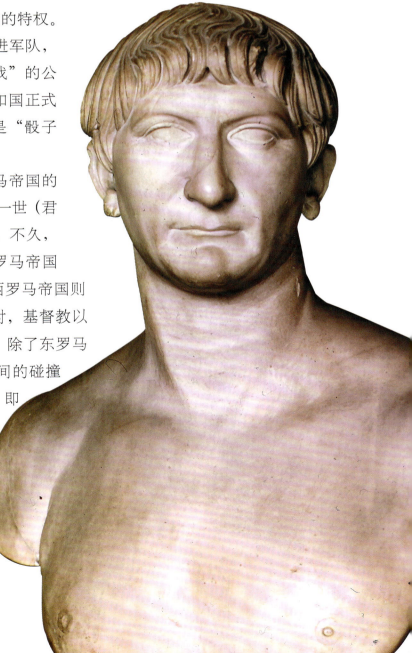

（右图）马尔库斯·乌尔皮乌斯·图拉真（Marco Ulpio Trajano，57—117）是第一个登上帝国王位的西班牙人，这一事件标志着一个转折点：罗马发展如此迅速，以至最终成为一个多民族国家。

概述：伟大的帝国

最初，罗马领导的少数城邦从伊特鲁里亚脱颖而出，逐步孕育出具备政治、军事和经济实力的共同体，随着时间的推移，它最终成为古代最强大的帝国之一。意大利半岛在地中海中部的战略地位为它对地中海地区的霸权统治提供了有利条件，而这个地中海地区当之无愧地被称为"我们的海"。罗马文明在欧洲、亚洲和北非的大部分地区陆续发展，也在人类文化史上留下了深深的印记。基督教的到来更为其添上一抹宗教色彩，同时加深了罗马对世界的影响。❖

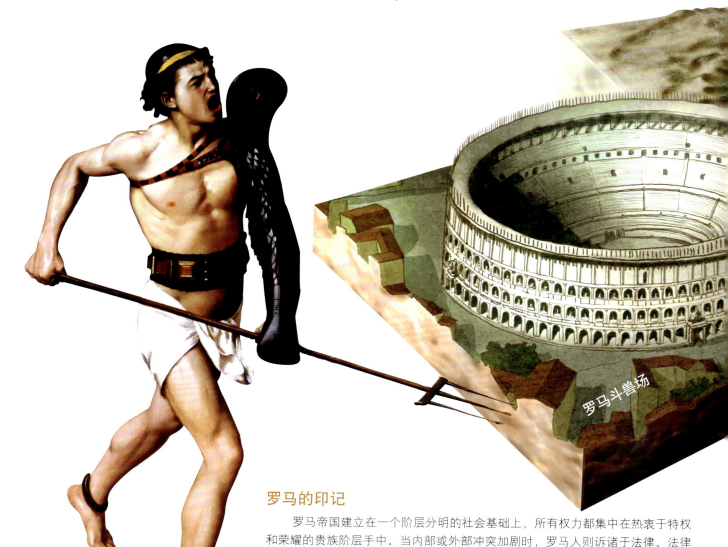

罗马斗兽场

罗马的印记

罗马帝国建立在一个阶层分明的社会基础上，所有权力都集中在热衷于特权和荣耀的贵族阶层手中。当内部或外部冲突加剧时，罗马人则诉诸于法律。法律虽然严苛，但法律就是法律。当法律也无能为力时，罗马人则诉诸军事力量，即罗马军团。同时，为了分散平民的注意力，统治阶层推行"面包和马戏"政策（左图），罗马的疆域上遍布斗兽场，轮番上演着战车比赛和角斗士竞技。如今，在我们的生活中仍能找到罗马残留的印记。

尼禄的暴行

公元1世纪，以残暴铁腕统治罗马著称的尼禄皇帝（Nerón，左图）过于专制集权，以至于元老院不得不限制他近乎疯狂的独断专行。而他对新兴基督教信仰的迫害则引发了民众阶层的负面情绪，最终导致公开叛乱的爆发。

罗马

君士坦丁堡

■ 罗马帝国疆域最大时的版图

高卢

阿尔卑斯山　拉文纳

亚得里亚海

伊特鲁里亚

塞尼阿姆

塔兰托

罗马　拉丁姆

庞贝

科西嘉岛

爱奥尼亚海

第勒尼安海

西西里岛

撒丁岛

锡拉库扎

阿布辛贝

努比亚沙漠

帝国的分裂

君士坦丁凯旋门（左图）建于312–315年，标志着罗马帝国的辉煌，但同时也见证了帝国历史的转折。一方面，在"蛮族"持续的骚扰下，帝国首都迁移到君士坦丁堡，直到1453年这座城市被土耳其人攻陷。另一方面，随着西罗马帝国和东罗马帝国（拜占庭帝国）的分裂，罗马教会和东方教会也随之分道扬镳。

历史和社会组织

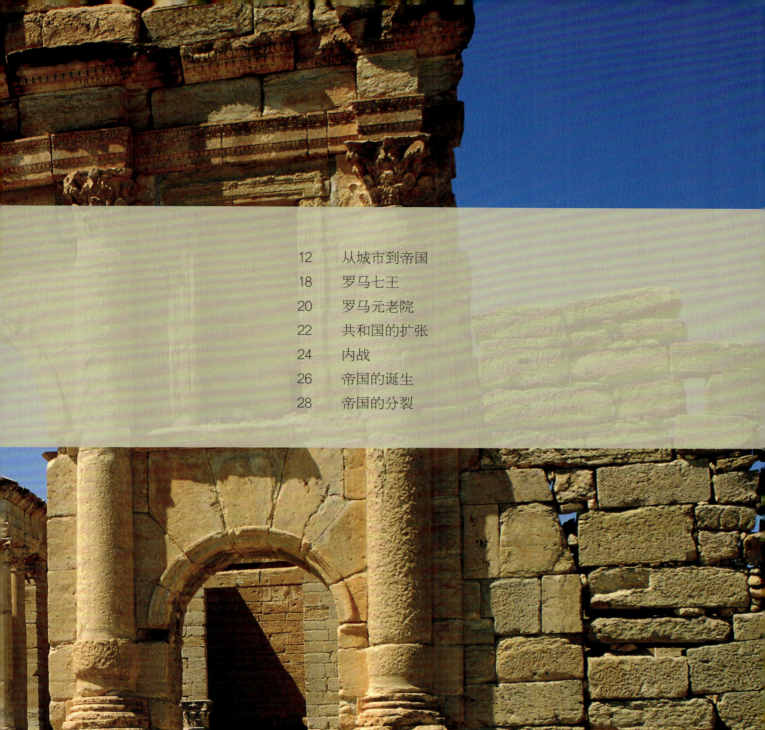

历史和社会组织

从城市到帝国

最初，城邦形态的罗马采用了终身任期的王政体制。除了城市的建设者罗穆路斯，其余的国王均由城市居民选举产生，没有人诉诸武力获取权力。历史学家认为，与希腊城邦国家一样，罗马的最高权力掌握在人民手中，国王只是元老院的首脑，也有一种观点认为国王拥有最高权力，元老院只能限制其滥用权力。

国王拥有的主要权力之一是"占卜权"，这使国王成了祭祀的首领，并授权他解释诸神的旨意。事实上，任何行动的采取都先要有神谕，"占卜权"让国王拥有绝对的决定权。因此，人民在宗教层面对国王满怀敬畏，并认可他为王，也是诸神授权的调解人。国王负责制定年历，主持宗教仪式并任命下一级的宗教职务。除了神授之权，国王还行使"治权"，这意味着执政权，国王是罗马所有军团和司法机构的统领。元老院虽然不能最终左右国王的决定，但却能协助国王处理重大问题。由于"治权"是终身制，所以国王永远不会因其行为受到审判。

共和国的诞生

罗马王国的第七任也是最后一任国王是来自伊特鲁里亚的高傲者塔克文。在他执政期间，伊特鲁里亚人用尽一切手段发展势力，损害了罗马其他民族的利益。塔克文摧毁了所有萨宾人的神庙和祭坛，站在了罗马人民的对立面。他的儿子塞克斯图斯强奸了贵族琉克蕾西娅，加剧了罗马人对塔克文的不满。公元前 510 年，塔克文的侄子路奇乌斯·尤尼乌斯·布鲁特斯召集元老院驱逐了塔克文，并于次年废除了王政。随之，罗马开始了共和国时代。布鲁特斯和琉克蕾西娅的鳏夫路奇乌斯·塔克文·科拉提努斯成为罗马新政府的第一任执政官。

为了取代王政并避免权力再一次集中到一人手中，元老院采用了双执政官模式。执政官任期为一年，一位执政官有权否决另一位执政官的决定。为了进一步确保政权的民主化，执政官的部分职权被逐步分给新的官职，例如，拥有司法权力的执法官和负责人口普查的监察官。

根据双执政官模式，原本属于国王的宗教权力也被转移到两个新设的职位上："圣王"和"大祭司长"。前者唯一职责是主持对朱庇特的年度祭祀。而"大祭司长"更为重要，有

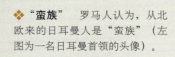

❖ **"蛮族"** 罗马人认为，从北欧来的日耳曼人是"蛮族"（左图为一名日耳曼首领的头像）。

❖ **朱庇特神庙门廊残迹**　罗马神庙汲取了希腊宗教的建筑元素，神庙中的朱庇特神像和宙斯神颇为神似。

❖ **屋大维** 罗马货币上使用屋大维的肖像，这是帝国实力的表现。（左图）

权召集护火贞女（侍奉圣火维斯塔女神的女祭司）、祭司、大祭司，甚至"圣王"。"圣王"这一职务在公元前1世纪初消失了，其职能转移到了"大祭司长"身上。

然而，促使共和国建立的这些改革并没有从根本上扭转局势，牢牢控制着权力的贵族与平民之间的冲突仍在继续。因此，在高傲者塔克被驱逐9年后，罗马人创造了"独裁官"一职。尽管这一职位乃是唯一的例外，且任期只有6个月，但它赋予了一个人在所有民事和军事事务上完整而不可否决的权力。

罗马帝国

"独裁官"的出现清晰地勾勒出罗马的命运：从一个城邦国家诞生开始，它的对外扩张就是无休止的。罗马在经济和军事方面已具有了伟大帝国的雏形，唯独缺少相应的政治制度。归根结底，"罗马帝国"这一称谓只不过是确认了共和国期间已经存在并不断加强的"罗马力量"。

波利比乌斯是最早记载罗马共和

罗马的名称和建立日期

在罗马共和国时期，关于这座城市的建立日期有多种说法，日期范围大致在前758－前728年。罗马帝国时期，阿提库斯（Atticus）和瓦罗（Varro）提出的前753年建城日期被正式接受。然而，"卡比托利欧年表"中提到，罗马建于公元前753年。尽管年份各不相同，但所有版本均认为，罗马于4月21日成立，这一天正是牧场女神帕尔丝（Pales）的祭祀日。城市的命名由来也众说纷纭。通常认为起源于罗穆路斯，但也存在其他版本。其中一个版本认为，罗马是特洛伊传奇英雄埃涅阿斯（Eneas）的女儿。还有人认为罗马的起源始于伊特鲁里亚，罗马指的是鲁马，伊特鲁里亚的一个部落；也有指向鲁蒙，这是伊特鲁里亚人给台伯河起的名字。最近的研究似乎更倾向于罗马一词源于印欧语系，即"河流"。若按照这种说法，罗马意为"河流的民族"。

国扩张史的编年史家之一。在屋大维之前的3个世纪，这个古老的城邦国家已经获得了无数领土并将其划分为行省，由元老院或执政官管理。为了扩张，罗马还与一些盟国签署了同盟条约，罗马最后成了他们的保护国。

当时罗马的主要竞争对手是迦太基，它是古腓尼基人在北非建立的殖民城邦，其扩张速度可与罗马相媲美。

❖ **官员** 下图为一组刻画官员的浅浮雕，官员穿着对应其身份的托加长袍。

当罗马共和国做出决定统一意大利半岛并准备称霸地中海地区时，迦太基势必成为共和国扩张的第一个牺牲者。在布匿战争中，罗马歼灭了迦太基，从孕育了自己的意大利半岛逐步向更广阔的疆域扩张。在不断的扩张中，罗马获得了更多新的领土。

罗马的领土变得如此辽阔，以至于位于首都的元老院无法对所有领土

最初的景象

❖　❖　❖

有猜想认为，公元前 10 – 前 7 世纪，意大利中部主要生活着两个民族：奥斯坎 – 翁布里亚人和拉丁人。古老的拉丁姆土地上居住着伊特鲁里亚人、博尔斯人、萨宾人、埃克奥人、鲁图利人和奥索尼乌斯人。其中，拉丁人发展出了一个更有组织的社会，成为后来罗马人口的主要来源。拉丁人最初居住在阿尔班山，位于现在的卡比托利欧山东南约 30 千米至 80 千米的卡斯特利地区。后来他们搬到了山谷，那里的土地更适合发展农业和畜牧业。台伯河的周边土地不仅更加肥沃，还是战略要地，因为这条河形成了天然边界，而山脉则构成了防御屏障。这个位置也使拉丁人更便于控制这条著名的商业运河。罗马城就在这里诞生了。

进行快速而有效的管控。此外，不断壮大的军队也揭示了在争夺政治利益时拥有军事控制权的重要性。就这样，雄心勃勃、争权夺利的政治家出现了。尤利乌斯·恺撒（Julio César）就是其中之一。这位罗马军事首领不仅征服了高卢，拓展了罗马的疆域，渡过了卢比孔河进入意大利半岛，还首次挑战了元老院的权威。也正因如此，"渡过卢比孔河"变成了义无反顾做一件事情的同义词。

尤利乌斯·恺撒的掌权，以及养子盖乌斯·屋大维在其死后上位，都意味着中央集权的回归，而这次回归是为了管理一个庞大的帝国。尤利乌斯·恺撒被选为终身"大祭司长"和"独裁官"，这意味着，实际上他被赋予了比古代国王更多的权力。

在一次元老院组织的密谋中，尤利乌斯·恺撒于前 44 年 3 月 15 日被暗杀。元老院成员代表了贵族阶层最显要的人，他们担心新的政治模式是基于对平民的让步，而实际上这无法避免并且终将得以实现。为了向外扩张，罗马不得不缓和内部的矛盾。

前 28 – 前 12 年，屋大维成为护民官，并身兼"大祭司长"和"首席元老"，成为事实上的君主。尽管共和国机构仍然存在，但其实已名存实亡。

通过重大的改革和以地中海沿岸国家

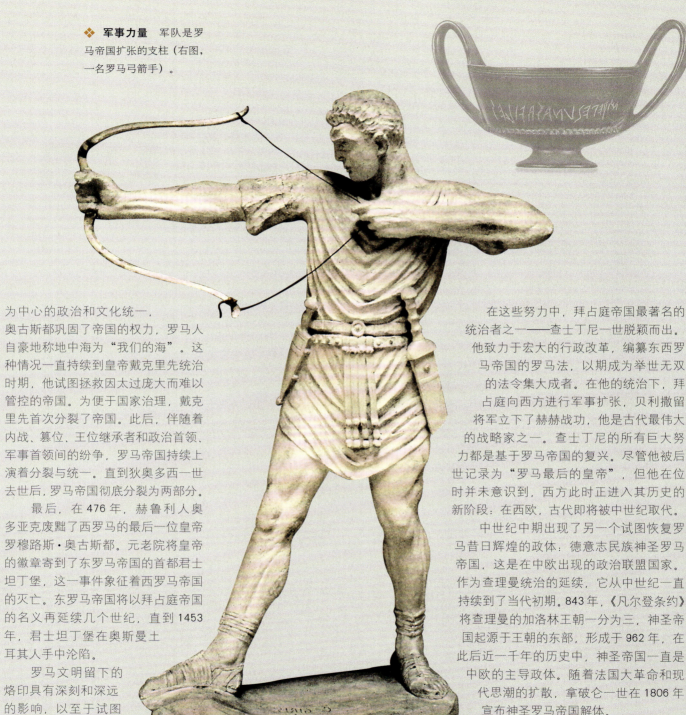

❖ **军事力量**　军队是罗马帝国扩张的支柱（右图，一名罗马弓箭手）。

为中心的政治和文化统一，奥古斯都巩固了帝国的权力，罗马人自豪地称地中海为"我们的海"。这种情况一直持续到皇帝戴克里先统治时期，他试图拯救因太过庞大而难以管控的帝国。为便于国家治理，戴克里先首次分裂了帝国。此后，伴随着内战、篡位、王位继承者和政治首领、军事首领间的纷争，罗马帝国持续上演着分裂与统一。直到狄奥多西一世去世后，罗马帝国彻底分裂为两部分。

最后，在 476 年，赫鲁利人奥多亚克废黜了西罗马的最后一位皇帝罗穆路斯·奥古斯都。元老院将皇帝的徽章寄到了东罗马帝国的首都君士坦丁堡，这一事件象征着西罗马帝国的灭亡。东罗马帝国将以拜占庭帝国的名义再延续几个世纪，直到 1453 年，君士坦丁堡在奥斯曼土耳其人手中沦陷。

罗马文明留下的烙印具有深刻和深远的影响，以至于试图恢复旧帝国的努力持续了几个世纪，甚至各种不同的政权实体都曾试图继承其称号。

在这些努力中，拜占庭帝国最著名的统治者之一——查士丁尼一世脱颖而出。他致力于宏大的行政改革，编纂东西罗马帝国的罗马法，以期成为举世无双的法令集大成者。在他的统治下，拜占庭向西方进行军事扩张，贝利撒留将军立下了赫赫战功，他是古代最伟大的战略家之一。查士丁尼的所有巨大努力都是基于罗马帝国的复兴。尽管他被后世记录为"罗马最后的皇帝"，但他在位时并未意识到，西方此时正进入其历史的新阶段：在西欧，古代即将被中世纪取代。

中世纪中期出现了另一个试图恢复罗马昔日辉煌的政体：德意志民族神圣罗马帝国。这是在中欧出现的政治联盟国家。作为查理曼统治的延续，它从中世纪一直持续到了当代初期。843 年，《凡尔登条约》将查理曼的加洛林王朝一分为三，神圣帝国起源于王朝的东部，形成于 962 年，在此后近一千年的历史中，神圣帝国一直是中欧的主导政体。随着法国大革命和现代思潮的扩散，拿破仑一世在 1806 年宣布神圣罗马帝国解体。

兵役制度

17岁至60岁的罗马人必须服兵役，服兵役对于进入政府获得官职，并通过"晋升体系"开启政治生涯不可或缺。45岁以下的罗马人需参加战争，更为年长的人则担任守卫后方的工作。起初，征兵制度强制每个部族提供一定数量的男性武装人员及后援人员。当时，只有罗马公民或罗马统治下的某些民族可以参军。随着时间的推移，军队开始由雇佣军组成，不再受民族或社会出身的影响。虽说服兵役只有在战争时期是强制性的，但实际上，罗马始终处于战时状态，因此，征兵制度也始终强制有效。尽管士兵可以得到报酬（不是很高），但他们的耕地却被荒置了。如果战争继续下去，不仅会增加士兵的不满情绪，还会带来粮食短缺的危机。久而久之，血缘关系与经济利益逐渐交织在一起。前6世纪中叶，国王塞尔维乌斯·图利乌斯推行按照地域和个人财富的原则重新划分公民的权利与义务，这其中就包括服兵役。

塞尔维乌斯·图利乌斯将罗马划分为30个部落，并将公民分为5个社会等级，又细分为193个百人队。在此基础上，军队编制得到了规范，但做出重大决定的军事领导权仍掌控在贵族手中。

◆ **马丁·奥勒留圆柱** 圆柱上的雕刻叙述了元首对日耳曼人和东方部落的战争景象。

罗马七王

　　根据维吉尔的史诗《埃涅阿斯纪》中的传说，罗马王制起源于从陷落的特洛伊城逃出的埃涅阿斯。这个传说与罗穆路斯和雷穆斯被母狼哺乳的神话也有关，罗穆路斯是罗马的第一任君主。他之后共有六任国王：努马·庞皮留斯、托里斯·奥斯蒂吕斯、安库斯·马尔西乌斯、老塔克文、塞尔维乌斯·图利乌斯和高傲者塔克文，但似乎只有后三位国王在历史上是真实存在的，其他国王已消失在历史的长河中了。此阶段罗马的城市模式始于伊特鲁里亚的城邦国家，罗马后来吞并了其他城市，并在意大利半岛称霸。◆

执政官　如雕塑所示，君主制的执政官穿戴"镶边托加"。执政官由随身携带"束棒"（样式是一束被绑在一起的多根木棍，中间插一把斧头）的侍从执法吏陪同，"束棒"象征着施加体罚和死刑的权力。

罗马市中心，现意大利共和国首都

罗马论坛，权力的中心

　　罗马论坛起源于古希腊城邦国家的集会广场，是城市的政治、经济和宗教中心。论坛广场的第一座建筑可以追溯到前753年，即罗马建立的日期。选举大会代表的市民大会在论坛广场上举行，然而，市民大会对于国王无足轻重，居于卡比托利欧山的国王效仿希腊独裁者的制度。在论坛上还举办市集，随着罗马的扩张，集市很快成为整个半岛的商业中心。伟大的宗教神庙也矗立在论坛上。

七丘之城　罗马建于台伯河旁帕拉蒂尼山的最高点。从这里，城市逐渐向其他六座山丘扩建，分别是：阿文庭山、卡比托利欧山、奎里尔诺山、维弥纳山、埃斯奎里山和西里欧山。

卡比托利欧三神

　　老塔克文（塔克文一世）将"卡比托利欧三神"的崇拜引入了罗马，三个神分别为：诸神之王朱庇特，战神马尔斯（Marte）的母亲朱诺女神（Juno）和智慧女神密涅瓦（Minerva）。为了供奉这些神，老塔克文建造了朱庇特神庙。他将诸神制成塑像立在神庙中，作为君主制度的标志。

❖ 卡比托利欧三神塑像

公元前4世纪的伊特鲁里亚石棺

伊特鲁里亚人的荣耀

　　罗马国王的传记很大程度上是罗马共和国后期人们对于历史的再诠释或文学的再创作，这个时期的政治危机使统治者将国家共同的过去神话化。对这些根源的探索，为后人揭开了罗马与伊特鲁里亚人的渊源。

狄俄斯库里兄弟雕塑，可追溯到公元前5世纪

狄俄斯库里

　　双胞胎卡斯托尔和波鲁克斯被合称为"狄俄斯库里"，意为"朱庇特之子"。据传说，他们是化身为天鹅的朱庇特和勒达爱情的结晶。另一个版本则说，双胞胎是同一个母亲勒达所生，却不是同一个父亲朱庇特。卡斯托尔是廷达瑞俄斯的儿子，克吕泰涅斯特拉的兄弟；波鲁克斯是朱庇特的儿子，海伦的兄弟。两人同时参加了"阿尔戈号"的远征，他们死后，朱庇特将他们变成了双子座。

市民阶级

　　被认定为罗马公民的居民拥有充分的政治权利，属于"SPQR"阶层，这是拉丁词组 Senātus Populus Que Rōmānus 的缩写，意为"元老院与罗马公民"。

罗马元老院

王政时期，为了平衡君主制，罗马设立了元老院。首批元老由每个氏族指派，实行终身制。罗马早期的构成基础是氏族，这些氏族又衍生出旁系氏族，各氏族之间虽有相互交融，但这些基础构成的氏族总数不变，因此，最初的时候，元老的数量也是默认不变的。不过，后来也逐渐发生了一些变化。当一位长老去世后，国王被授权任命一个临时的替代者，该替代者一直任职到氏族选派出新的继任者。君主任命的这一惯例最终演变成国王拥有选拔元老的权力。◆

一位元老院元老的雕像，1世纪

阶级差异　进入元老院的平民也会担任一些军事职务，但仅限于实操性质的具体作战指挥类职务，而非控制大局的战略性和导向性的指挥职位。贵族与平民之间依旧存在着巨大差异，两个阶级之间禁止通婚。

咨询机构

元老院只是一个咨询机构，但由于它是人民选举产生的，国王经常召集元老院会议并将元老们的提议纳入考虑。元老院元老聚集在论坛广场的大厅。每个氏族要提供十名步兵（拉丁语：miles）、一支骑兵（拉丁语：eqües）和一名元老院元老。罗马统治下的城市中设立了百人团大会（拉丁语：centum-viri），每位成员管理十户（拉丁语：deca）家庭，或者一个氏族，这就是十夫长的来源。

明显改变　进入元老院的平民（非公民）被授予了公民权的几项权利，但他们没有资格担任民事或宗教职务，也无权得到城邦的公有土地。

刀斧手（侍从执法吏）负责伴在执政官等长官左右执法。他们拿着中间插有斧头并用条状皮革绑在一起的多根木棍。这一束棒是当代法西斯的标志。

护民官 平民阶级的护民官在原则上不是行政官员，但在其设立不久就和其他正式官职一样受到人们的尊敬后来，护民官这一职位有了参与元老院会议和提出提案的权力，但没有投票权。

罗马元老院会议的场景图

罗马元老院

作为咨询机构，元老院的主要任务是就国家事务为国王提供建议。通常是应君主的要求，并通过元老院会议行使这一职能。此外，国王常常愿意将他的决定通过元老院表决，这是一种认可和利用元老院元老社会声望和威权的方式。最后，无论国王暂时空缺还是国君去世，元老院均可在国家君主空缺期间行使政府职能。

干预 执政官的决定必须得到元老院的批准，元老院可以干预所有政治决策、行政管理、公共土地的划分，甚至是管理国库。但未经元老院授权，执政官不得干预国库。

监察官 执政官负责确定国家预算，列出公民名单并分配税款。前443年，在一位罗马贵族的提议下，罗马设立了监察官。随着时间的推移，除了人口普查（公民名单）和确定国家预算，在监察官最初的职责基础上，还增加了任命元老院空缺席位的职能。

元老院的平民议员

王政垮台后，罗马建立了一个由40位贵族领导的政权，他们是罗马最古老家族的首领。罗马共和国建立后，前312年通过了"奥维尼亚法"，从而任命了第一批元老院的平民议员。无论如何，平民会议中所达成的协议是否有效需要由"元老院的元老"确定，因此，权力仍掌握在贵族阶级手里。

❖ 刻有元老院元老名字的铭文

共和国的扩张

　　罗马的外交政策在共和国成立之初遭受了挫折。一方面，王政被推翻意味着与伊特鲁里亚城市的外交关系突然中断。另一方面，地中海西部的强国迦太基阻碍了罗马所有的扩张努力。根据历史学家波利比乌斯的说法，最初罗马和迦太基达成协议：迦太基保留地中海海岸大部分地区为自己的势力范围，罗马方面则保留对拉丁姆的统治和第勒尼安海的制海权。然而，这一协议只是为了休战，双方都在为继续战斗做准备。◆

《汉尼拔在意大利》，乔科波·里潘达的画作

地中海西部

　　迦太基是前腓尼基人在北非建立的殖民地，控制着地中海西部的贸易。为了征服这个地区，罗马人对迦太基发起攻击。迦太基统帅汉尼拔出色的表现值得历史铭记：在夺取卡普阿和特伦特之后，他将罗马围困了5天。由于罗马持续不断的顽强抵抗，汉尼拔最终被召回迦太基。罗马名将大西庇阿（Escipión）在随后的扎马战役中击败了他。

伊特鲁里亚石棺上的战车浮雕

在意大利的推进

　　经过持续不断的扩张，罗马人征服了伊特鲁里亚城。随着罗马占领了维爱，以及高卢人入侵波河平原，伊特鲁里亚人的统治宣告结束。随后，罗马人继续向伊特鲁里亚推进，为吞并高卢做准备。

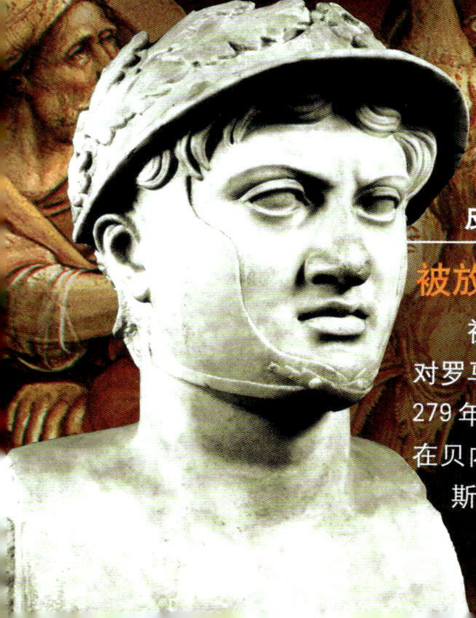

皮洛士（Pirro）头像，希腊雕塑

被放逐的国王

　　被放逐的伊庇鲁斯国王皮洛士是埃西亚多斯之子，曾参加塔兰托对罗马的战争，赢得了赫拉克利亚战役（前280年）和阿斯库路姆战役（前279年）的胜利，但后者的胜利实际上是以损失大量有生力量为代价的。在贝内文托被罗马人击败后，皮洛士和克利奥尼穆斯的军队一同前往斯巴达与罗马作战，到达阿戈斯后，皮洛士在一场街头混战中阵亡。

女神库柏勒 布匿战争期间，罗马将对女神库柏勒的崇拜纳入了他们的宗教信仰，奉特勒斯为生育女神，代表着大自然的生长力。

大西庇阿，被称为"阿非利加征服者"，前2世纪大理石雕像

两位"阿非利加"

大西庇阿，全名：普布利乌斯·科尔内利乌斯·西庇阿，被称为"阿非利加征服者"，他的孙子是被称为"小阿非利加"的普布利乌斯·科尔内利乌斯·西庇阿·埃米利安努斯，即小西庇阿，两人均为罗马与迦太基对抗期间伟大的战略家。小西庇阿后来征战西班牙，围困了努曼提亚。

❖ 迦太基城遗址全景

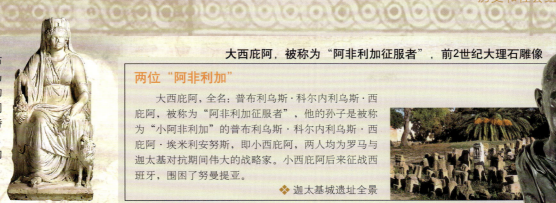

汉尼拔 作为伽太基首领哈米尔卡·巴卡的儿子，汉尼拔是驻伊比利亚半岛的迦太基军队的唯一首领。他向萨贡托发起了进攻，从而引发了第二次布匿战争，无人能阻止汉尼拔的所向披靡。

大象 汉尼拔的进军是非同寻常的：他骑着大象，带领军队越过比利牛斯山脉和阿尔卑斯山，向意大利进军。前218年，他在两次战役中连续取得完胜，分别在提契诺河上击败了大西庇阿和在特雷比亚河上击败了塞姆普罗尼乌斯。前216年，他又在坎尼会战中击败了瓦罗。

背叛 汉尼拔到达罗马城，不过，由于他的军队从西班牙一路跋山涉水，消耗过大，无法攻入城门，在城墙前，汉尼拔被之前与其结盟的高卢士兵背叛。

自杀 扎马战役战败后，仍在考虑继续与罗马作战的汉尼拔在迦太基获得大权。前196年，因迦太基人反对他继续对战罗马汉尼拔不得不逃走。前190年，汉尼拔逃到了马格尼西亚的比提尼亚，并在那里自杀。

内战

罗马首先在意大利半岛扩张，接着在近东、北非和欧洲其他地区扩张，最终，罗马的政治和社会结构发生了深刻改变。罗马与被击败的民族之间的冲突不断加剧，其内部不同的社会机构和政党之间的冲突也进一步升级，这种情况很快演变成各种内战。一方面，马略和苏拉之间的对抗是随后内战的前奏，最后导致了军队的重大改革。最终，庞培（Pompeyo）与尤利乌斯·恺撒之间的对抗结束了罗马的共和国时代。◆

罗马金币 持续反映了当时的政治变化。每一任当权者都要铸造了自己的金币，比如，上图的金币有尤利乌斯·恺撒的肖像。

路奇乌斯·科尔涅利乌斯·苏拉头像

独裁官苏拉

苏拉首先在马略麾下任职，开始了他的军事生涯，前105年，苏拉在战斗中擒住了努米底亚的国王朱古达（Yugurta）。20年后，他与马略进行军事对抗，夺取罗马并建立了独裁政权。前87年，苏拉带领自己的军团与本都国王米特拉达梯（Mitrídates）作战。马略则趁苏拉不在罗马，进军并占领了罗马。前83年，苏拉出人意料地返回罗马，在击败马略的儿子后，自封为终身独裁官。前79年，由于民众强烈不满，苏拉辞职。

盖乌斯·庞培·马格努斯头像

庞培的命运

庞培在苏拉与马略对抗的几场战役中与苏拉协同作战，并在战场上脱颖而出，得到苏拉的赏识。随后，庞培率军平定了伊比利亚半岛塞多留的叛乱，并扩大了西班牙行省，占领了今天的安达卢西亚几乎全部领土。前70年，他与克拉苏一起当选执政官。庞培在苏拉派遣下出兵打败了米特拉达梯，征服了亚美尼亚和叙利亚，占领了腓尼基和耶路撒冷。前60年，庞培与克拉苏、尤利乌斯·恺撒结为"前三头联盟"。前49年，刚刚征服高卢的恺撒越过卢比孔河，与庞培形成对立之势，开启了新的内战。在法萨卢恺撒击败了庞培，庞培逃到埃及后，被托勒密十三世派人暗杀。

斯巴达克斯（Espartaco）

伴随着持续的内战，意大利爆发了一场角斗士的起义。起义的首领是出生于色雷斯的角斗士斯巴达克斯，奴隶们随即加入进来，他们早已不满贵族为迎合平民推行的"面包与马戏"政策而牺牲自己的生命。但是，斯巴达克斯于前71年在锡拉罗被击败。斯巴达克斯在历史上被当做为自由而战的象征。

◆ **罗马角斗士**

贸易交通 分裂罗马的内战改变了地中海的贸易交通状况，运输船被海盗劫掠成为普遍现象。庞培攻击了海盗在小亚细亚沿海的根据地。

盖乌斯·尤利乌斯·恺撒的雕像

伟大的尤利乌斯·恺撒

作为尤利乌斯贵族家族的一员，恺撒年轻时曾是马略的支持者。苏拉将他驱逐到小亚细亚和近东、中东地区，在前75年，恺撒被任命为军事护民官。征服高卢后，他在军队中的威望日益高涨。之后，恺撒与克拉苏、庞培结为"前三头联盟"。克拉苏去世后，恺撒与庞培形成对立。恺撒分别在意大利和西班牙打败了庞培，在法萨卢彻底击败庞培后，恺撒占领了亚历山大港。随后，恺撒在塔普苏斯重创庞培余党组成的庞培派联军，最终在蒙都打败了庞培的儿子们。返回罗马后，恺撒获得了绝对的大权。前44年3月15日，在贵族的合谋下，恺撒在元老院遭到暗杀。

高卢人 这个纪念性浅浮雕描绘了恺撒征服高卢人的场景，这是尤利乌斯·恺撒最大的军事功绩，他也由此登上权力舞台。关于这次战争，他本人写下了著名的《高卢战记》。恺撒还写了《内战记》。

卢比孔河 这幅15世纪的细密画描绘了恺撒渡过卢比孔河的场景，这一行为标志着他与庞培对峙的开始。此时的元老院支持庞培，禁止恺撒进入意大利。渡过卢比孔河后，恺撒说出了他那句著名的话："骰子已经掷出了"。

《尤利乌斯·恺撒前往元老院》，亚历山大·阿贝尔·德·普约尔的画作，19世纪

三月十五日

恺撒没有理会那些提醒他小心阴谋的警告，他确信大权在握，依旧前往元老院。元老院必须在3月15日这天决定是否采取行动。这一天，恺撒的密友布鲁图领导的一群人刺了他23刀，尤利乌斯·恺撒最后倒在庞培半身像脚下。

帝国的诞生

　　罗马帝国自前1世纪成立，延续到5世纪。奥古斯都开启的帝国时代标志着罗马共和国的结束，也标志着古代最为牢固和庞大的政体之一的开始。罗马的发展不仅以牺牲欧洲邻国为代价，还建立在对几乎所有居住于地中海地区民族的征服之上。在长达6个世纪的历史中，帝国一直在努力防止因扩张发展而导致的分裂。最终，当戴克里先登上皇位时，他要面对的是一个在双重危机下摇摇欲坠的帝国：基督教危机和日耳曼人的侵扰。日耳曼人在欧洲不断推进，最终抵达了罗马的大门。◆

刻有近卫军图像的墙裙细节，2世纪

统一和秩序的保证

　　由奥古斯都创立的禁卫军团不仅响应军事需要，也服从于政治需要。经过多年的内战和不断地扩张，罗马帝国急需一支特殊力量保证内部的团结和秩序。不过，伴随着众多危机的出现，一段时间之内，这一军事机构一度担任裁判官的角色甚至直接置身于冲突中心。于是，戴克里先在312年降低了近卫军的地位。

残暴的尼禄

　　路奇乌斯·多米提乌斯·诺巴布，也称尼禄，在他统治下，早期罗马非常繁荣，但他随后逐渐转向了独断专行的统治方式。他毒杀了在军中颇有威望的不列塔尼库斯，抛弃了妻子克劳狄娅并和波比娅结婚，后来又命人谋杀波比娅。他下令在罗马纵火，并嫁祸给基督徒，借此对其进行残酷的镇压。在被元老院宣布为国家公敌后，68年，尼禄自杀。

◆ 尼禄皇帝头像，54—68年在位

"蛮族"入侵

　　中亚一些流离失所的民族涌向了欧洲，面对这些民族经常性的侵扰，罗马帝国不断派遣军团阻挡但却疲于应对。这些源源不断的好战民族被罗马人称为"蛮族"。

◆ 罗马人对抗蛮族的战斗场景，2世纪

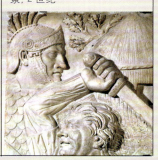

塞维鲁凯旋门　塞维鲁凯旋门是为了纪念罗马皇帝塞普提米乌斯·塞维鲁，于公元203年兴建。这座大理石凯旋门由一个主拱门和两个小拱门组成，外墙立面装饰有柱子和浅浮雕。每个立面的门楣外檐装饰都有以青铜字母刻下的长段献词。

马可·奥勒留的骑马雕像

哲学家皇帝

恺撒·马可·奥勒留·安东尼·奥古斯都，西班牙人，于161年接替安东尼·庇护登上王位，他与养兄弟维鲁斯（Vero）共同统治帝国。自177年，马可·奥勒留为其子康茂德继位开始做准备。在马可·奥勒留统治期间，他加强了中央集权，将帝国的政治和军事权力集中在自己和心腹手中。在与帕提亚人的战争中，马可·奥勒留成功夺取了帕提亚人的部分领土。与此同时，他还要随时面对"蛮族"的不断侵扰，尤其是马尔柯曼尼人、萨尔马提亚人和汪达尔人。他是斯多葛派哲学的支持者，撰写了《沉思录》（Meditaciones）。

韦斯帕芗头像，1世纪

提图斯·韦斯帕芗

提图斯·弗拉维乌斯·韦斯帕芗于63年成为阿非利加行省的总督。66年，他担任犹太战争的总指挥，占领了耶路撒冷并下令将犹太人大规模逐出巴勒斯坦。加尔巴死后，韦斯帕芗在亚历山大城被拥立为罗马皇帝，由此开启了弗拉维王朝。统治期间，韦斯帕芗重整军队，换掉了可能谋反的将领，并加强了全力支持他的元老院的权力。韦斯帕芗稳定财政并鼓励对外贸易，为了彰显国家的繁荣，他还下令修建了罗马斗兽场。

❖ 犹太人被驱逐的场景，1世纪

位于西班牙塔拉戈纳的罗马城墙

无用的城墙

动摇罗马帝国稳定的内部问题给了"蛮族"不断入侵的可趁之机。为了抵挡"蛮族"的进攻，罗马人加强了防御工事，还特别加固了城墙。人们的生活范围收缩到了城市内部，导致农业生产和粮食供应变得困难。

路奇乌斯·塞普提米乌斯·塞维鲁雕像

路奇乌斯·塞普提米乌斯·塞维鲁

塞普提米乌斯·塞维鲁的家族是腓尼基贵族。根据一些历史学家的说法，塞维鲁讲拉丁语时带着"蛮族"的口音，并且极其迷信。他在攻打帕提亚人的战争中担任将军，成功地将美索不达米亚北部纳入罗马的版图。他的士兵洗劫了泰西封城，并将幸存者卖为奴隶。在被元老院指控腐败后，路奇乌斯·塞普提米乌斯·塞维鲁清洗处决了数十名元老院元老。忠于他的约50 000名罗马士兵在罗马及其周围驻扎，拥立他为皇帝。去世后，他被授予"神君"的称号。

帝国的分裂

由于内部斗争和来自北欧被称为"日耳曼人"的"蛮族"持续侵扰，罗马帝国危机重重，在罗马帝国接连衰落的历史中，戴克里先 284–305 年的统治期看上去似乎是一段繁荣的插曲。为了便于政府管理，戴克里先采取了权力下放的措施：推行四帝共治制，即分担统治的体系。他和马克西米安称自己为"奥古斯都"，并任命了两位"恺撒"：伽列里乌斯和君士坦提乌斯·克洛鲁斯。然而，为时已晚，帝国持续上演着分裂与统一，政局极不稳定，狄奥多西大帝去世后，罗马帝国彻底分裂。◆

阿拉里克的印章 西哥特人领袖阿拉里克（见上图印章肖像）是罗马大军的噩梦。他越过阿尔卑斯山进入意大利半岛，击败了罗马的斯提里科，占领并洗劫了罗马城。

戴克里先皇帝头像

四帝共治制

盖尤斯·瓦莱利乌斯·奥勒留·戴克里先是伊利里亚一名释放奴隶的儿子，在奥勒留和普罗布斯两位皇帝的庇护下崛起为政治人物，并且获得了驻地中海东部军队的拥戴。284 年，他的士兵们拥立他为皇帝，他建立了四帝共治制，即四个人分担统治，戴克里先自己为帝国东方的"奥古斯都"，马克西米安则担任帝国西方的"奥古斯都"。戴克里先将帝国划分为 12 个辖区，又进一步细分为 101 个省。他先后对摩尼教徒和基督教徒进行迫害。305 年，戴克里先退位。

黑城门 戴克里先将特雷维罗伦（现德国的特里尔市）设为帝国西方的首都之一，帝国西方包括高卢、部分日耳曼行省以及不列颠。在 392 年被日耳曼侵略者占领之前，特雷维罗伦一直是皇室住所所在地。

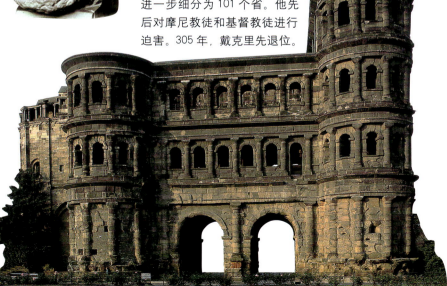

❖ 位于今天德国特里尔的黑城门

君士坦丁大帝半身像

"此符之下，君必胜矣"

　　306 年，君士坦提乌斯一世的儿子君士坦丁一世在不列颠行省的约克宣布称帝。在米尔维安桥之战中，君士坦丁一世打败了已在罗马宣布登基称帝的马克森提乌斯。据传说，在战役的前一天晚上，他梦见了一个十字架，上面写着"Hoc signo vincis"，意为"此符之下，君必胜矣"，后来君士坦丁一世在第二天的战役中获胜。313 年，君士坦丁一世颁布了"米兰敕令"，不再压制影响力日增的基督教。330 年，君士坦丁一世将拜占庭定为帝国的首都，改名为君士坦丁堡。在他去世后，帝国由他的儿子君士坦丁二世、君士坦斯、君士坦提乌斯二世以及他的侄子德鲁马特乌斯和汉尼拔利阿努斯分治。

❖ 位于罗马的君士坦丁凯旋门

叛教者尤利安

　　弗拉维乌斯·克劳狄乌斯·尤利安努斯，被称为"叛教者"，331—363 年在世。在君士坦提乌斯死后，尤利安继位成为皇帝，尽管他曾接受基督教教育，但仍试图恢复罗马的多神信仰。为了赢得地主贵族的支持，尤利安重新发动对基督徒的迫害。波斯人在小亚细亚的推进对尤利安的繁荣统治构成了威胁，363 年，尤利安在美索不达米亚战死。

❖ 叛教者尤利安半身像

最初的象征符号

　　在基督教徒遭受迫害的时代，十字架、鸽子和鱼是基督教肖像画中最早的象征符号，这些符号让基督的追随者能够彼此相认。十字架代表着耶稣在十字架上蒙难；鸽子是没有胆汁的鸟；鱼在希腊语中写为"ijtys"，意为"耶稣基督，上帝的儿子，救世主"。从 3 世纪开始，基督教肖像画中加入了异教图案，例如：善良的牧羊人。

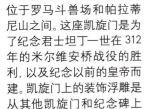

君士坦丁凯旋门　凯旋门位于罗马斗兽场和帕拉蒂尼山之间。这座凯旋门是为了纪念君士坦丁一世在 312 年的米尔维安桥战役的胜利，以及纪念以前的皇帝而建。凯旋门上的装饰浮雕是从其他凯旋门和纪念碑上取下的。

❖ 位于拉文纳的加拉·普拉西第亚陵墓中的镶嵌画

社会和日常生活

社会和日常生活

娱乐和贸易

罗马社会阶层分明，但从作为城邦在拉丁姆地区诞生，到发展为古代最伟大帝国之一的过程中，社会阶层并不是一成不变的，尽管权力之源一直掌握在罗马贵族手中。在罗马帝国分裂为西罗马帝国和东罗马帝国（也被称为拜占庭帝国）后，罗马和君士坦丁堡分别成为各自的首都，此时，已很难说罗马帝国仍拥有一个统一的社会结构，也很难说整个罗马社会还保持着简单而统一的日常生活框架。每个社会阶层都有不同的习俗，而且，特别值得注意的是，在罗马帝国广阔的土地上居住着罗马盟友或被罗马征服的不同民族，各历史时期和各民族习俗也不尽相同。

当谈到罗马人的生活方式时，历史学家一般会用当年罗马城盛行的生活模式代表当时的整个罗马帝国，这是罗马人通过外交手段或诉诸武力，对其统治的民族强制推行罗马模式的结果。当然，罗马人日常生活的范本是高高在上的贵族，因为只有他们才是罗马真正的主人，掌握着罗马的命运。

服饰

古罗马服饰由两种类型的衣服组成，分别是内衣和外衣。最初，服饰仅为一件：丘尼卡（束腰外衣）。有时，

❖ **日常生活** 从维苏威火山脚下的庞贝和和赫库兰尼姆发掘出来的物品展现了罗马人日常生活的基本风貌（左图为一个儿童玩具）。

罗马人会穿一件内穿的丘尼卡，相当于今天的衬衫。穿着丘尼卡上衣时通常用腰带系住，并用扣带或别针固定。外穿的托加是一种宽大的羊毛外衣，展开后呈半圆形，穿着时将托加多一半来回缠绕于下身，并将料头塞进腰部的衣褶中，少一半在上身通过右腋下环绕脖子，呈现出直到腰部的领口样式。穿戴好托加时，在身体右侧整理出衣褶，长袍斜挂在左臂遮住左臂。托加通常为白色，白色托加尤其受到那些渴望权力的人的喜爱。

儿童和高级官员穿着有紫色镶边的托加，富豪显贵则穿着带金色镶边的托加。只有皇帝才能穿着紫色托加或带有金色刺绣的紫色托加，这无疑是权力和威严的象征。

1世纪末，服装变得多样化，奴隶和牧人被允许穿着带有袖子的丘尼卡、宽丘尼卡和没有右肩的丘尼卡。模仿波斯人和高卢人服饰的裤子流行起来。1世纪末十分流行一种封闭式或在前面缝合起来的披风。后来，托加逐渐被遗弃，前面留有开口的斗篷出现了。

罗马女性穿着长而宽松的斯托拉，再在斯托拉外穿帕拉，帕拉类似于男性的托加。她们把帕拉当成帽子、面纱或风帽遮住自己的头部。系有皮带的凉鞋是当时最常见的鞋，但是贵族们也会穿一种遮盖住脚面的鞋，一种更大的靴子。

❖ **奥古斯都和平祭坛细部**　该祭坛建于前13年，是为了纪念屋大维（也称奥古斯都）缔造的和平与繁荣。

 古罗马贵族 斯卡萨托神庙墙裙细部，男子身着托加显示着他的罗马贵族身份。

❖ **克劳狄乌斯家族的联姻** 莉薇娅（上图）被莉薇娅家族收养，与提比略·克劳狄乌斯·尼禄联姻。

日常生活

一个家庭一天的作息时间取决于夏季还是冬季。但是，不管这一天作息时间始于几点，家庭的日常惯例都是一样的：家庭成员和奴隶要依次问候一家之主。名义上，一家之主负责下达日常活动的指令，实际上，一家之主总会有一位值得信赖的仆人担任其助手。在完成一天的安排后，一家之主会前往论坛（即集会广场）。他在那里了解政治新闻，与贵族同僚交谈，进行贸易活动，通常是土地交易或产品交易。虽然并不是只有贵族才能进行贸易活动，但他们完全控制着贸易并努力向东方扩展生意，东方是最有价值的货源地。

男孩们在家庭教师的陪同下上学，家庭教师负责他们的教育。女孩们则留在家中，有女佣负责教她们如何做家务，尤其是纺纱和编织。这种家政教育是为她们将来结婚做准备，婚姻在某种程度上是经济、政治和社会资源的彼此交换。

中午是午餐时间，炎热的日子里午餐极其简单。午后温度进一步上升，人们会去午睡。这时，正如西塞罗所说的"幸福的沉默"会笼罩繁华的城市。

午睡之后，精神振奋，夕阳西下，是时候去浴场了。建筑师们为浴场设计了舒适的配套设施，城外矗立的精美水道为浴场提供了水源。人们可以尽情享受沐浴的快乐，浴

城市文明

❖❖❖

与其他帝国不同，罗马帝国的城市化程度非常高。但是，按照罗马模式，这种严谨的城市规划从未应用于罗马城本身，这座城市在罗马帝国建立之前就已存在，城市结构非常混乱。罗马帝国建立后，寻求财富的移民蜂拥而至，导致罗马城人口激增。罗马城难以快速容纳如此之多的人口，结果更加混乱和无序。

在罗马错综复杂的小巷中，交通拥堵已成家常便饭。但是，到了公元64年尼禄统治期间，城市结构却因帝国首都的一场大火而改变。城市在被大火焚毁后展开重建，重建蓝图包含了宽阔而笔直的街道、宏伟的大道及公园。

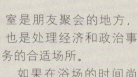

室是朋友聚会的地方，也是处理经济和政治事务的合适场所。

如果在浴场的时间尚不足以完成谈判和交易，相关活动就会转到餐桌上继续进行，邀请客人吃晚饭是贵族们的特有习惯。

罗马人没有周末休息的概念。只有基督教为庆祝主日，将星期日定为休息日。休息日承继于犹太人的安息日，犹太人的安息日是学习和反思的日子。对贵族们来说，诸神的祭祀日则是假日，在这些日子里他们会举办庆典活动，而这些日子正好与季节变化周期相吻合。说来也巧，这些假日正好是今天寒假和暑假的开端。

饮食习惯

罗马人因奢侈豪华的饮食闻名于世，不过，只有贵族才能享受如此丰盛的饮食。普通罗马人很难买到便宜又新鲜的食物，市场供应的食物质量很差。因此，人们采取各种方法处

永恒帝国的衰落

公元 238–285 年，罗马共有 19 位皇帝在位，但他们都无法有效管理政府，也未能与元老院达成一致，罗马因此陷入巨大的政治危机。与此同时，帝国边境的蛮族部落频频入侵，而军队缺乏纪律、中央力量无能加速了帝国的衰落。另一方面，内战摧毁了帝国，内部混乱不仅打断了工业和贸易的发展，还削弱了帝国边境的防御能力。失去了严密的防卫，"蛮族"部落就可以毫无阻碍地侵入帝国境内。最好战的"蛮族"被历史学家称为"日耳曼民族"。法兰克人和哥特人也最终越过莱茵河和多瑙河边界。在旧罗马帝国基础上，新的欧洲国家陆续诞生了。

理不新鲜的食物：香料可以掩盖食物难闻的气味，而"garum"（拉丁语，一种味道很浓的鱼露）弥补了食物不佳的味道。

早餐通常包括面包和水，午餐则是肉、水果和葡萄酒。晚餐是一天中最主要的一餐，对贵族们来说，晚餐是一场又一场小型的社交活动；对穷人来说，情况截然相反。穷人的家中没有厨房，他们不得不在市场上购买食物并马上吃掉。普通人对粮食短缺的不满越来越大，以致皇帝们设立了免费送餐日。

❖ **手工艺**　奢侈品是罗马和东方之间贸易的一部分（右图为图拉真时期的琥珀戒指，1 世纪）。

◆ **禁止通婚**　法律禁止贵族和平民通婚，这一法律被强制施行（下图为贵族群体的雕像局部，1世纪）。

大型公共娱乐活动

皇帝通常会鼓励推行大型公共娱乐活动，在所有活动中，以贵族们为庆祝皇帝登基纪念日而举办的庆典最为盛大。为公众提供娱乐活动成为缓解社会矛盾的最佳方法。尽管看台位置和观看效果有好坏之分，但这些公共娱乐活动场所仍成为罗马贵族和平民少数可以同台分享快乐的场合之一。当竞技场的舞台上某位角斗士处于生死边缘之际，所有人都会呐喊："割断他的脖子！"尽管只有皇帝和贵族可以决定角斗士的命运，但在对角斗士做出裁决时，贵族们也会注意平民的喜好。因为"面包和马戏"这一政策正是为了迎合讨好民众。

但是，"面包和马戏"这一政策不仅没能解决下层民众的不满，还耗费了大量资金。一般只有较富裕的贵族才有能力资助竞技活动，但这一赞助行为会被贵族当作对皇帝或元老院施压的手段。

体育，大众的狂欢

　　战车比赛在竞技活动中最受欢迎。造车的工匠们努力造出分量尽可能轻的战车以获得更快的速度，战车比赛的激烈程度由此可见一斑。哲学家皇帝马可·奥勒留曾赞扬着冒着生命危险参加战车比赛的贵族青年，夸赞他们表现出了勇气和平等精神。然而事实上，驾驶战车的多数是平民。实际上，战车比赛是一项非常危险的运动：战车的缰绳被绑在驾驶者的腰间，一旦两辆战车相撞，驾驶者会被拖在战车后面直到死去。这种事故在比赛中经常发生，但这种不确定性却进一步激发了人们对比赛的狂热。

　　和现在的体育赌博一样，古罗马人也会下注，腐败交易和"肮脏游戏"每天都在发生。每场比赛有四到八辆战车参加比赛，一般分成蓝、绿、红、白四队，每个车队都有狂热的支持者，就像现在的足球队各自拥有狂热的粉丝一样。越过终点线后，获胜者会获得象征着胜利的月桂冠和橄榄枝，除此之外还有奖金。表现最出色的赛车手会成为全民英雄，上层阶级的人会为他们举办豪华的庆典。时至今日，这些场景依旧不断上演。

❖ **战车比赛**　镶嵌画中描绘了战车比赛获胜者被授予橄榄枝的光荣时刻。

庞贝遗址

维苏威火山是一座活火山，位于意大利坎帕尼亚的那不勒斯湾，海拔 1 281 米。79 年 8 月 24 日，维苏威火山喷发，火山灰埋没了位于山脚下的庞贝城和赫库兰尼姆城，这是罗马富人最钟爱的两座城，该事件也因此而闻名。庞贝城中超过 2 000 人因火灾和吸入有毒气体丧生。在被世人遗忘了近 1700 年后，考古学家们重返庞贝城，发掘出了城中保存完好的建筑和物体。不过，正是得益于火山灰的覆盖，才让考古学家有可能复原当时的生活场景，因为整个城市都凝固在灾难发生的那一瞬间。◆

城市的布局

庞贝城占地 65 公顷，土地肥沃，气候宜人。一个 142 米 × 30 米的矩形论坛广场位于城市中心，将城市各部分联系在一起。在论坛广场周围矗立着重要的建筑：宗教场地和公共建筑。城市的一端是行政部门，居民区位于另一端。

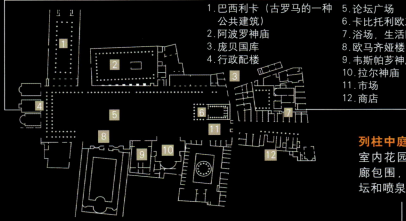

1. 巴西利卡（古罗马的一种公共建筑）
2. 阿波罗神庙
3. 庞贝国库
4. 行政配楼
5. 论坛广场
6. 卡比托利欧三神神庙
7. 浴场，生活区
8. 欧马齐娅楼
9. 韦斯帕芗神庙
10. 拉尔神庙
11. 市场
12. 商店

性感，多彩和奢华

庞贝城内房屋装饰精美，多色颜料用热蜂蜡混合后绘制的壁画充满了内墙。画作图案题材丰富，普通房间中多以诸神、自然等为主，而卧室内的壁画则情色图案居多。庞贝城的发现举世震惊。19 世纪很多贵族宫殿的主色调运用大多模仿了右图被鞭打的女人和酒神女祭司这幅壁画的背景色调，这种颜色后被人们称作"庞贝红"。

列柱中庭 大型室内花园，被柱廊包围，内有花坛和喷泉。

中庭 庭院的房顶天井开口和储存雨水的蓄水池上下对应。

开敞式谈话间 矩形会客厅，与列柱中庭相通。

庞贝城的房屋 庞贝城的房屋非常宽敞，地面下铺设了水蒸气采暖系统。从门厅可以通往主要房间，卧室和厨房集中在房屋的侧翼。

庞贝城的鸟瞰图：论坛广场、欧马齐娅楼、阿波罗神庙和市场引人注目。

大道上保留了住宅废墟和雨天方便行人通行的石板路的遗迹。

就餐躺椅 装饰着精美壁画、配有三张就餐躺椅的豪华餐厅。

绘满动物的马赛克地板

地板犹如鱼类畅游的海洋，讲述着海神尼普顿王国的故事，一只章鱼和一只海鳝在搏斗。马赛克是指用瓷砖、石头或玻璃碎片镶嵌而成的镶板和铺面。

庞贝城中许多房屋都在门厅入口装有马赛克壁画，通常上面画着一只狗和拉丁语铭文"Cave canem"，即"当心狗"。

庞贝人的休闲时间以玩游戏为主，他们玩骰子、跳棋……这幅马赛克画描绘了斗鸡的场景。背景中，有一个装有下注金的袋子。

在庞贝城和赫库兰尼姆城废墟熔岩下发现的绘有日常生活场景的壁画

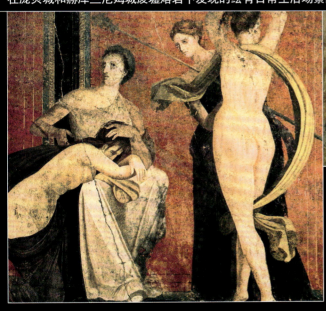

享乐的生活 庞贝人早餐只喝一杯水，而他们在家里或数以百计的小酒馆中享用的晚宴却十分丰盛：肉、鱼、奶酪、蜂蜜、蔬菜、水果、牡蛎和葡萄酒。这一切都诉说着庞贝人热衷于纵情享乐和感官享受的生活。

最著名的壁画 富有的房屋主人通常将自己的肖像画挂在住所的墙壁上，作为彰显身份的标志。这幅壁画是罗马行政官员帕奎乌斯·普罗库鲁斯（Paquio Próculo）和他妻子的肖像。现在，这幅壁画以及其他珍贵的考古样本被保存在那不勒斯博物馆中。

考古学家从庞贝城和赫库兰尼姆城的废墟中复原了罗马人日常生活的瞬间

幽灵城市

在庞贝古城的废墟中探访，仿佛被死亡的光环所包围。在这一场悲剧中，有超过2000人因吸入有毒气体窒息而死，火山灰烬与雨水相混合包裹着他们的躯体，随着时间的流逝，只剩下一些空壳。20世纪的考古学家将石膏浆灌到里面，就这样，创造出了凝固最后时刻的令人惊叹的景观。

排水系统

　　土木工程是建立罗马帝国的支柱之一。在向地中海地区和欧洲大陆不断扩张的过程中，罗马需要宽阔的道路，供罗马大军通行和运输物资。四通八达的道路链接着各个港口，促进了贸易和交流，这是发展经济、实现政治和军事控制的基本条件。供水系统和排水系统提供了最基本的卫生保障，城市因此得以发展。如果没有这些基础条件，罗马的人口数量就不可能达到帝国大城市的人口水平。◆

测绘工具

　　测绘师使用调平装置计算温泉和城市间的高度差。测出总落差后，根据设计的路线，奴隶们打碎岩石、挖掘隧道。在建设道路时，人们使用量角仪一类的勘测仪器。

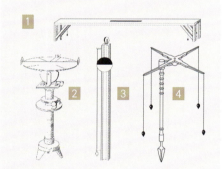

1 水平仪　中央有一个水准管，每个角上都坠有一个铅块。水平仪通过保证所有悬坠与地面垂直来测量出挖掘的道路是否平坦。

2 角度仪　测绘师用水准管对上面的圆盘进行调整，并根据十字准线将其聚焦，直到与助手的水准杆重合为止。

3 水准杆　使用时将垂直仪放在角度仪前后各几米处，根据测绘师的指示，助手用滑盘标出罗马时期使用的单位刻度。

4 量角仪　使用时将其插在地面上，平衡铅块最终达到水平状态，使用者沿手臂观看以绘制直线或直角。

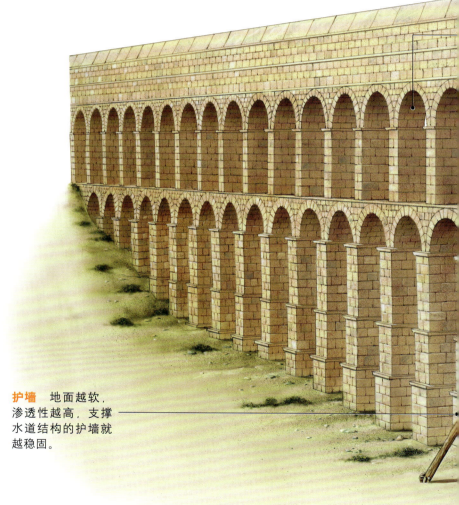

护墙　地面越软，渗透性越高，支撑水道结构的护墙就越稳固。

抵御阳光和敌人

　　用盖板封闭供水水道的原因有两个：防止水在阳光的照射下变热，更重要的是，防止敌人投毒或阻塞供水水道。罗马人给水道加盖石板的方式有三种，他们还会在石板上覆盖灰浆以防止渗水。

横梁

尖拱

半圆拱

罗马水道建造图解

供水系统

雨水和山泉水先通过水道被收集在第一层蓄水池，蓄水池和城市之间要保持一定的落差，水流依靠落差在重力作用下通过供水道向城市源源不断地输送。这些带有落差的供水道由未经雕琢的花岗岩石拱支撑，石拱是罗马水道最著名的一部分。水最终流入沉淀池，池中狭窄的水道内安装的木板会过滤掉漂浮物。

高架水道 罗马人给高架水道命名为"specus"，高架水道用石头建造，水从水道中流过，有的高架水道是双层的。

石拱 完美排列的楔形拱石使半圆拱经受住了时间的考验。

鹰架 这是一种木制撑托结构支架，施工时用木架支撑着石拱的重量，直到放置好最后一块石头才将木拱取出，此时，嵌入的石头在结构力学作用下可以支撑自身重量而不会倒塌。

脚手架 可以在平地搭建，也可以在突出的石块上搭建。

加固 如果水道建在斜坡上（如丘陵），罗马人会用混凝土包裹在岩石外进行加固，再在上面覆盖一层砖石，以防因渗水破坏建筑结构。

罗马里和里程碑

根据著名的《希腊罗马名人传》的作者历史学家普鲁塔克所述，前2世纪的政治家盖约·格拉古下令，以罗马里为单位测量道路长度，一罗马里即一千罗马步。测量时，用带有联合结构的马车，每隔一罗马里将一个装有卵石的金属碗放在路上以作标识，然后在此处立下刻有碑文的里程碑、界石或石柱，上面标示着从此处至城市等特定位置的距离。石柱的设立是规范交通的首次尝试，罗马人尤其重视其规划，因为道路对于商业交通频繁往来和军事部署极为关键。

❖ 带有指示方位铭文的里程碑

水资源利用

公共浴场 浴场是人们休闲与保持身体健康的场所，浴场包括热水厅、冷水厅和温水厅，还有运动场。公共浴室在罗马的社会关系中发挥了重要作用，卡拉卡拉浴场是最著名的公共浴场。

排水系统 马克西姆下水道长600米，宽4～5米，部分结构为拱顶结构。马克西姆下水道连接着城市的各个角落，将污水汇集中排放至台伯河。

公共水源 罗马人认为，水是公共资源，水从嵌在石头中的铅管流出，蓄积到水池中。前4世纪，罗马一共有1352个水源地。

军团

军团是罗马在整个地中海地区扩张领土的支撑力量，控制着亚洲、非洲和欧洲的很多区域。军团得到了统治阶级的支持，也是贵族权力的基础。为方便军团调动，罗马建造了连接整个帝国的宽阔道路。军团不断被牵扯到政治和社会冲突之中，因而将军的不同立场也导致了军团的内部分裂和对抗。由于军队预算不受限制，军团的作战装备得以不断地更新，因此，军团被称为象征"罗马精神"的典范。罗马军团认为自己战无不胜，然而，历史的进程却证明事与愿违。◆

军旗 军旗被敌军夺取被罗马人视为一项耻辱，为了夺回军旗，士兵们会战斗至死。大多数的军旗以象征着罗马的老鹰为图案，再配上"元老院以及罗马公民"的缩写字母。

"龟形阵"

罗马军团采用了亚历山大大帝发明的方阵排列，毫无疑问，扩张到印度的马其顿王朝很好地证明了阵法的优势。罗马军团发明了"龟形阵"：在每个作战单元中，所有盾牌均匀分布，从而挡住了士兵的头部和身体两侧。在攻坚战中，如果敌人从高墙投下的燃烧的油从盾牌缝隙中渗落，百夫长可以迅速重排"龟形阵"。

❖ 展现"龟形阵"战斗场景的浅浮雕

罗马军团士兵的复原雕像

百夫长

罗马军团以百人队为战斗单位，百夫长为首。百夫长负责训练部队士兵，有义务在前线作战，监督驻地的日常任务，并有权处以包括死刑在内的刑罚。所谓的首列百夫长通常年龄都超过 60 岁，服役期为一年，若因军事需要可延长服役期。完成服役后，首列百夫长通常可以得到丰厚的退休金。

建造堡垒

建造堡垒对罗马军队的进攻至关重要，建立在敌人领土上的堡垒可为士兵提供安全和自治的空间。军队后勤提供铲子、锤、镐和木桩，士兵们自己建造堡垒。很多城镇都起源于堡垒。

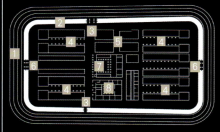

1. 壕沟　　　5. 粮仓
2. 外墙　　　6. 副门
3. 主门　　　7. 司令部
4. 军营　　　8. 指挥官住所

葡萄藤 士兵们用葡萄藤施以轻刑。如果军团中一个战斗单位出现逃离战场的情况，战斗单位的负责人百夫长将惩罚所辖的十分之一的士兵。

作战武器

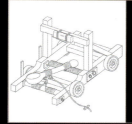

抛石机 利用绷紧在支架间的绞绳扭力，将重达20千克的石头、燃烧物或腐烂物抛射数百米远。

攻城槌 攻城槌用来攻破坚固的堡垒，其冲击头通常做成羊头的形状。通常攻城槌上方覆有盖板保护冲锋中的士兵。

弩炮 集中布置在战场上的一排弩炮可以发射箭雨。在围城战中，箭矢上沾满了树脂和燃烧着的稻草，可以点燃敌人的防御工事。

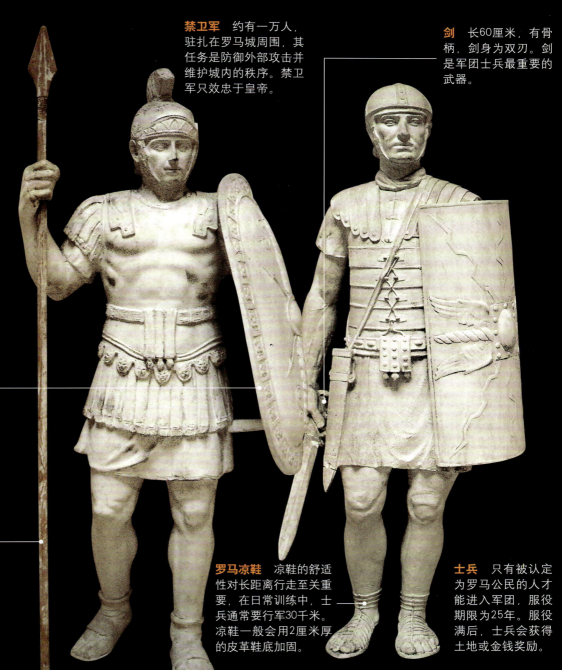

禁卫军 约有一万人，驻扎在罗马城周围，其任务是防御外部攻击并维护城内的秩序。禁卫军只效忠于皇帝。

剑 长60厘米，有骨柄，剑身为双刃。剑是军团士兵最重要的武器。

头盔 用金属制成，可做成多种形状，羽冠上带有装饰，佩戴者的脸和耳朵会露出来。

半身板甲 由金属片连接制成，肩部呈弧形，方便活动。板甲的最大缺点是重量过重，会阻碍士兵在移动中的力量和速度。

盾牌 由胶合在一起的木板制成，边缘用铁加固，其弯曲的表面可以让敌人的攻击偏移。

长矛 攻击时，长矛的铁制矛头刺向敌人后，长柄会弯曲或折断，这样对手就无法再次使用它。

罗马凉鞋 凉鞋的舒适性对长距离行走至关重要，在日常训练中，士兵通常要行军30千米。凉鞋一般会用2厘米厚的皮革鞋底加固。

士兵 只有被认定为罗马公民的人才能进入军团，服役期限为25年。服役满后，士兵会获得土地或金钱奖励。

罗马的房屋

罗马公民的住所好坏取决于他们的财富多寡。简陋的房屋被称为"因苏拉"，由于居住人口过多，因苏拉被设计成带阳台的多层建筑。因苏拉不配设自来水，房屋质量很差，容易发生火灾和地基下沉。贵族居住在城市外的豪华别墅中，而富有的商人则居住在市区内的"多姆斯"中。多姆斯起源于伊特鲁里亚人，为矩形结构，最终成为有钱人居住的宽敞住所。多姆斯只有一层，每个房间均有各自的用途。◆

家庭守护神 每户家庭都有信奉的守护神，这是属于家族的信仰。家中的神龛是祭祀神灵举办仪式的场地，他们的信仰中混合着涉及家庭起源的元素。

城市中多姆斯的构造

贫穷的社区

传统的罗马住宅通常围绕作为中心的中庭建造，带有小型露台或后花园。有些住宅在前门两侧各有一个房间，并且不通向室内，这种房间通常出租给小商贩。考古学家已经证实，随着房主变得富有，他们会不顾邻居的反对扩建自己的住宅。贫穷的社区人满为患，犯罪率上升，街道成为危险的地方。人们将垃圾、污水和粪便随意丢弃到大街上。

卧室 罗马住宅中的家具非常简单且实用，床除了睡觉之用，还充当沙发，用来躺卧用餐和谈情说爱。富有的罗马人喜欢铺设各种图案的马赛克地板。

书房 所有住宅中都至少有一个书房，充当办公室。房间中放一张桌子和几把椅子，供儿童和家庭教师使用。

屋顶 覆盖着瓦片，为避免积存雨水，屋顶设计成具有一定的坡度，拥有良好的排水功能。

餐厅 非常宽阔，通常是半封闭的，露天的区域朝向花园，这样居民就可以根据当日的天气和食物类型选择在哪里就餐。

花园 通常房子的后面都有一个花园，有园丁专门设计花坛和草坪，针对种植的植物和花卉品种提供不同的建议。

中庭 房子中间的开放空间作为中庭，中庭可以通往其他房间。通常在中庭会设游泳池，炎热的日子里，孩子们可以在游泳池中消暑嬉戏。

儿童睡房 在罗马家庭中，儿子和女儿有自己单独的房间。与女孩的房间相比，男孩的房间更为宽敞也更为简洁，女孩的房间则有更多的家具和装饰。

厨房 这里被设计成通风良好的空间，主要是为了更好地储存食物。厨房里有一两张桌子，用来放置储存油、谷物和其他香料的罐子。另外，还有一个存放餐具和厨具的餐具柜。

　　一般来说，商店只有一间房和一个柜台；马房带有马厩，通向的是被餐厅环绕的露天空间；旅馆带有餐厅和卧室；餐馆是指专门出售食品和饮料的店铺。

❖ 画中为一间罗马酒馆举办宴会的模拟场景

罗马的传统家庭模式

传统罗马家庭的成员不仅包括父母、子女和亲戚，还包括服从于"家父"的所有人，如仆人和奴隶。家父只能为男性，从没有女性当过家父，家父是自权人，家庭中的成员都依赖家父，担任家父的条件不受婚姻状态及年龄限制。家父权赋予家父处置家庭成员生死和售卖的权力，他可以合法地抛弃或承认妻子所生的孩子，也可以通过收养将孩子在家庭内部转让，还可以安排孩子的婚姻。作为家父，既有掌握全家宗教祭祀的权利，又有主导一家审判裁决的权力。◆

家神 祭祀家神的家庭宗教仪式在家中举行，由家父主持。

一位年老的罗马奴隶的青铜雕像

奴隶的命运

"私生子"常被丢弃在庇厄塔斯神庙前的"哥伦那拉克塔利亚"，这里因为政府允许乳母们在此喂养弃儿而得名。弃子被收养的情况非常少，通常，被捡到的孩子如果是男孩，他们会成为奴隶；如果是女孩，则会成为妓女。先天畸形或被认为体质较弱的孩子会被杀掉。当一个女性奴隶生了男孩时，其主人有权力选择接受或拒绝他进入家庭，也有权杀死他。最讽刺的是，主人释放垂死的奴隶，以便他可以自由地死去，竟被视为一项美德。

罗马氏族

家庭是罗马最早出现的社会和政治结构。源自同一族系的多个家庭进一步组成氏族，而多个氏族又联合为一个部落。随着家庭的不断壮大，家庭内部成员和源自同一祖先的其他成员组成了氏族，形成了族系。每个氏族都有独属本氏族的共同点，这个共同点通常是共同的宗教信仰。维系氏族的共同点也是推动城市诞生的因素。

❖和平祭坛皇家的宗教游行浮雕细部，前1世纪，罗马

缔结婚姻

两个年轻人的婚姻完全取决于家父的决定，而家父很少考虑结婚当事人的意愿。一旦家父同意二人结婚，第一步就是举行订婚仪式，仪式上，双方父母会商定子女的结婚日期，确定女方所带的嫁妆。如果双方没有在约定时间举办婚礼，新娘通常会损失嫁妆。

❖《罗马婚礼》，作者：J·格拉塞和L·F·拉布鲁斯，绘于1796年

墓碑上刻画的家庭进餐场景，公元2世纪

明确的家庭立法

建立在母系血缘关系上的社会关系属于原始社会的产物。建立在父系血缘关系上的社会关系，包括收养的其他血缘关系的后代是罗马社会唯一合法的亲属关系。拉丁语"adoptio"一词意为"领养"，如果被收养人是某个家庭的"家父"，那么他的整个家庭都会被收养，其全部财产都将转移给收养人，这种情况被称为自权人收养。解放意味着，将一个孩子从其原家父权之下解放出来，或将其转移至新的家父权之下。根据法律规定，只有罗马公民才有权结婚。尽管禁止贵族和平民结婚的《卡努莱亚法》被废除，但传统的阶级差异仍然存在。男性年满 14 岁，女性年满 12 岁后可以结婚。

婚礼庆典　罗马人确定婚礼的日期十分谨慎，需要参考占星结果。传统观点认为五月结婚不吉利，而六月下旬是结婚的最佳时间段。

权力结构　家庭是整个社会结构的缩影。家庭中家父掌握着所有权力，正如皇帝掌控着整个罗马。

男孩和女孩　幼儿时期，家长把男孩和女孩放在一起养育，小学时男女同校。小学毕业后，女孩们通常在家私下接受教育。

妻子　交换戒指象征婚姻缔结成功，婚后妻子成为丈夫家庭的一部分，并受制于夫权，不能得到解放。

女性的地位

　　在罗马的父权制家庭结构中，女性在法定未成年的婚前阶段处于家父权力支配之下，婚后则服从于夫权，守寡的女性则服从其长子，女性必须过着服从的生活。纺纱和编织是女性在家庭角色中从事的唯一手工劳动。作为家庭的女主人，妻子必须监督家中女奴和女仆的家务劳动。对罗马人来说，女人犯下的最大罪行是通奸，可以处以死刑。通奸不仅被认为是道德上的罪行，也是对众神的背叛。◆

首饰　金银器加工业主要由来自东方行省的工匠们从事，主顾主要是贵族妇女（上图为3世纪带有农业元素图案的金项圈）。

罗马马赛克画中一位女性的面孔

服从的命运

　　服从是罗马女性一生的命运轨迹。在父亲的屋檐下生活，女性要服从家父权。结婚后，她要听从丈夫的命令。如果一名单身女性没有父母，她会被视为在法律上享有充分权利的自权人，然而，实际上这种情况却被罗马人视为一种耻辱。

一位贵族女性的半身像，公元前2世纪

一位杰出的女性

　　尤利乌斯·恺撒的母亲奥莱莉娅·科塔（前120–前54年）是罗马的杰出女性之一。史学家塔西佗认为她是罗马女性的典范，普鲁塔克形容她是一个庄重且受人尊敬的女性。奥莱莉娅聪明独立，美丽非常，对儿子的政治崛起产生了重大影响。尤利乌斯·恺撒18岁时，罗马的独裁者路奇乌斯·科尔涅利乌斯·苏拉曾命令恺撒和他年轻的妻子科尔涅利娅离婚，因为她是政敌的盟友秦纳的女儿。奥莱莉娅则设法说服儿子不离婚。

通奸罪

　　虽然女性通奸被视为严重的犯罪，可以判处死刑，然而男性有婚外关系，甚至与家中女佣和女奴发生关系却被认为是很正常的事情。罗马人认为娼妓是一项工作，男人嫖娼不会受到非议，但是在很多喜剧作品中，妓女都是被嘲笑的对象，她们常常出现在怪诞的场景中，比如普劳图斯的喜剧。另一方面，男性之间的同性恋关系被罗马社会所接受，相反，女性之间的同性关系却不被认可。

◆ 上图，前2世纪的罗马马赛克画

1世纪的一位维斯塔贞女的雕塑

维斯塔贞女的世界

　　维斯塔贞女是侍奉女神维斯塔的女祭司。她们必须是处女，父母都是贵族，并且容貌必须十分美丽。维斯塔贞女从 6 ～ 10 岁的女孩子中选出，其最大责任就是保证神殿的永恒之火永不熄灭。当一位候选人最终被选为维斯塔贞女时，她要与家人分离并被带到神殿剪去头发。

　　维斯塔贞女要奉圣职 30 年。任期结束后，贞女可以选择结婚，但几乎所有贞女都选择在神殿中独身一生。因为失去童贞是比圣火熄灭更严重的罪行，所以，最初对失贞的女祭司施以石刑，后来又进一步被斩首或活埋所取代。

圣火　维斯塔贞女头戴面纱，手里拿着一盏燃烧着的圣火在神殿穿行。

特权　维斯塔贞女享有特赦权，如果在路上遇到正被带向绞刑架的死囚，只要证明他们的相遇纯属偶然，维斯塔贞女就可以宽恕该罪犯。

金银器

　　直到罗马共和国末期，希腊一直是罗马珠宝和手工艺品的主要来源地，即使进入帝国时代，完全出自罗马的金银制品和青铜制品也存量很少。希腊传统对罗马帝国的影响力持续了两三个世纪，花瓶、圆盘、酒杯、戒指、别针、手镯和护身符等无数青铜器、银器和金器，以及雕像和神殿中崇拜的诸神雕塑都展现了希腊文化的印迹。但是，在这些器物上也可以看到自奥古斯都时代起罗马帝国的烙印，其中有些罗马金银器尤为贵重，这些物品上均带有标记，表明其重量或贵金属含量。

❖ 从庞贝古城遗址中挖掘出来的珠宝和各种奢侈品

神话与信仰

神话与信仰

罗马人的信仰

罗马城邦的原始宗教信奉万物有灵论，崇拜无限的超自然力量，他们将这些未知的力量称为守护神。守护神与自然的循环、生育和农作物有关。例如，花神芙罗拉代表植物和花卉，浮努斯神代表田野和森林。家庭中也有对应的神灵，例如，弗库勒斯负责看护门窗，里门提努斯防止邪恶力量越过门槛。卡尔迪亚也属于守护家庭的神灵，其名字起源于拉丁语cardo，意为"铰链"。卡尔迪亚是健康女神，看管门楣、铰链和门把手。卡尔迪亚女神也与风相关，保护孩子远离吸血鬼，也保护匠人免于工作中的意外事故。

守护神崇拜

宗教活动以公共仪式的形式在家庭内外举行。最初阶段，罗马宗教发展出一套在家里举办的宗教礼仪，这种祭祀形式持续了整个共和国时期和帝国时期，后来受到基督教的宗教仪式影响。每家每户都会设置神龛，家庭的祭祀仪式就在那里举行，由家父担当祭司。日常生活中的种种都对应着特定的神灵：努米底亚神是人出生和成长的保护神；埃杜卡和庞蒂娜是三餐之神，奥西帕戈是负责强壮骨骼的神；古巴是摇篮的守护神；女神阿比奥娜和阿迪奥娜负责教授幼儿如何走路；法布里努斯、法里努斯和罗库提乌斯授予人说话的能力；特尔杜卡是学校的守护神，多米杜卡女神负责保护放学的孩子。

古罗马人还崇信死者的灵魂。他们认为，人死后灵魂会如同影子一般从死者的尸体上浮出，然后走向离众神世界最近的深渊之底，在那里，灵魂可以在诸神面前为亲人祈祷。

农民则向掌管休耕、耕作、灌溉、播种、割草和收割的神祈祷。掌管农业的神中最重要的有鲁西纳、梅西亚、图图里纳、特伦西斯、阿普利诺、特鲁莫·韦尔瓦弗特、特鲁莫·奥卡托和特鲁莫·梅索，每位神祇掌管特定的事项，例如，保护农民免受马蜂的叮咬或保证雨露充盈。

希腊的影响

在罗马共和国向伯罗奔尼撒半岛扩张期间，罗马人借鉴了希腊人的神话，并将希腊神的名字改为对应的拉丁语名字。经历了本地古老的神祇与新出现的神祇相融合的过程后，罗马创造出了自己独有的祭祀仪式，创建了宗教学校，设立了宗教职务，并在宗教中增添了罗马建城的一系列神话，其中充满英雄和天神壮举的情节。

❖ **罗慕路斯和雷穆斯** 如同其他帝国一样，罗马人的起源也带有神话色彩。传说罗马起源于被母狼喂养的兄弟罗慕路斯和雷穆斯。

❖ **奥古斯都和莉薇娅神庙**于前 27−14 年修建，建造神庙是为了纪念奥古斯托与利薇娅的联姻，两人之间的联姻意味着两个强盛贵族家族的结盟。

酒神节的狂欢

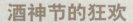

狄俄尼索斯（Dionisos）是色雷斯人信奉的葡萄酒之神，人们认为他能布施欢乐和慈爱，而且极具感召力。狄俄尼索斯被尊为社会文明的推动者，并确立了法则和维护世界和平，他还是农业和戏剧文化的保护神。狄俄尼索斯对应罗马神话中的巴克斯，并且和被称为"Liber Pater"的古意大利神渐渐融为一体。随着时间推移，狄俄尼索斯成为神秘宗教仪式的主角，例如，在纪念罗马司谷女神刻瑞斯和冥后普洛塞庇娜的仪式上；而酒神节是专为酒神而设的。狄俄尼索斯节于前200年左右自意大利半岛南部的希腊殖民地传入罗马，于每年的3月16日和17日在阿文庭山 附近的西米拉树林中秘密举行，起初只有女性可以参加，后来，男人也被允许加入。由于元老院怀疑有人在酒神节中谋划犯罪和政治阴谋，公元前186年元老院取缔了酒神节，但却禁而不绝，人们转而秘密举行酒神节庆祝活动。

◆ **大祭司** 奥古斯都（左图，前27-14年的雕像）在登上权力顶峰成为皇帝前，一直担任大祭司一职。

这些从表面看是对遥远过去的荣耀再现，实则是为罗马未来变成伟大帝国进行铺垫。

罗马的万神信仰表现出罗马人与希腊人截然不同的神灵叙述方式。从根本上说，罗马神话更加强调关于盛衰兴亡和阴谋诡计的情节，而不是命运的悲剧性结局。希腊女神德墨忒尔对应罗马司谷女神刻瑞斯，二人各自的故事正说明了这一点。在希腊神话中，德墨忒尔是司掌农业、谷物和母性之爱的地母神，与冥界相关。她的女儿普西芬妮被冥王哈得斯劫走，落入冥界，德墨忒尔听说后四处寻找女儿的下落，就这样，德墨忒尔始终被描绘成因失去女儿而伤心欲绝的形象。

相反，在罗马神话中，刻瑞斯是萨图尔努和俄普斯的女儿，朱庇特的妹妹兼妻子，普洛塞庇娜的母亲，朱诺、维斯塔、尼普顿和普鲁托的姊妹。在罗马神话中，刻瑞斯司掌农业，授予人类耕地、播种、收麦子和做面包的技术。她的哥哥朱庇特被其美貌吸引，与她生下了普洛塞庇娜，对应希腊神话中的普西芬妮。同样在罗马神话中，海王涅普顿也像希腊海神爱上德墨忒尔一样爱上了刻瑞斯，为了躲避涅普顿的追求，刻瑞斯同德墨忒尔一样变成了一匹马，然而涅普顿发现了她，于是变成一匹公马同她交配，就这样刻瑞斯同德墨忒尔一样生下了神马，它长有翅膀，四只蹄子是黑色的，并且会说话。在希腊神话中，德墨忒尔

❖ **批评**　西塞罗的许多著作中都强烈批判过贵族阶级奢华的排场。（左图，罗马金戒指）

生下的神马拥有不死之身，而罗马神话中刻瑞斯生下的神马阿里翁是赛车竞技的守护神。

东方的影响

罗马的对外扩张对于人们的宗教生活产生了深刻影响，帝国的疆域已扩展到了北非、小亚细亚和美索不达米亚，从而为融合各种源自东方的宗教信仰打开了大门。例如，罗马的宗教吸收了对源于弗里吉亚（位于今土耳其）的库柏勒的崇拜，而对库柏勒的崇拜最早起源于新石器时代的安纳托利亚地区。库柏勒代表肥沃的土地，为溶洞、山峦、墙壁、堡垒、自然、野生动物之神。她是众神和地上万物的母亲，是大自然生长力的化身，库柏勒通常乘坐在由体格健硕的狮子们拉的战车上。

古埃及人信仰的神伊西斯和奥西里斯也传入了罗马。在尼罗河居民信仰的诸神中，伊西斯被奉为魔法的守护神、大地之母，她还是亡灵的守护神，掌管自然、生命、婚姻和生育的女神，也是法老守护神的配偶。对伊西斯的崇拜先是转移到希腊女神德墨忒尔的身上，后来又转化到罗马司谷女神刻瑞斯的身上。

埃及神奥西里斯曾是尼罗河掌管复活、新生和生育的神，后成为埃及神话中的冥王，负责主持死者前往冥界前的审判。在罗马神话中，奥西里斯是第一个使葡萄藤爬上木架并榨取葡萄汁的人，因此，他教会了人类种植、采摘葡萄和酿葡萄酒的方法。

罗马的守护神

在罗马神话中，密涅瓦是智慧、艺术、战争女神，也是罗马的守护神和工匠的保护神。她对应希腊神话中的雅典娜。诗人奥维德称密涅瓦为"千种作品的女神"。尽管密涅瓦只有在罗马才与战争联系在一起，但整个意大利都崇拜这位女神。一次，密涅瓦与阿拉克涅比试双方谁织布更快。为证明自己，密涅瓦向阿拉克涅挑战，看谁能纺出最好的面料。在奥维德的诗歌《变形记》中，当密涅瓦看到阿拉克涅展现出优势时，她恼羞成怒，把阿拉克涅变成了一只蜘蛛。后来人们认为她是一位非常残酷的女神。委拉斯凯兹在他著名的画作《纺织女》中描绘了这一场景。前207年，由诗人和演员组成的一个社团在阿文庭山的密涅瓦神庙聚集并进行了许愿祭祀，其成员包括伟大的史诗诗人李维乌斯·安德罗尼库斯。

帝国的宗教

在罗马王制时期，国王扮演着宗教领袖的角色。在高傲者塔克文被推翻、罗马建立共和制之后，元老院试图避免包括宗教在内的所有权利都集中在一人之手。因此，元老院设立了专门负责各项事务的职位，其中祭司一职负责宗教祭祀活动。祭司由大祭司领导，"pontifex"的拉丁语原意为"建桥者"，这充分说明罗马人对公共工程非常重视，以至于宗教术语都会

❖ **高贵的头像**　奥古斯都半身像局部（1世纪），奥古斯都是推动罗马演变为帝国的重要人物。

❖ **神话** 朱庇特对抗神鹰（左图）是朱庇特与泰坦巨人战争中的故事，这是罗马人借鉴和吸收的希腊神话故事之一。

取自工程用词。大祭司负责制定对农业生产至关重要的历法，指定节日、吉日、宗教庆典、祭祀和审判的日子。久而久之，大祭司成为宗教及其派别的最高守护者。当然，只有贵族出身、受人尊敬的人才能进入祭司学院学习。

圣殿和神庙是供奉诸神的地方，里面亡立着受供奉的神祇雕像。为了维持神庙的日常运转，各个神庙都拥有自己的土地，还会售卖自己的产品，这也是中世纪修道院的前身。此外，神庙还会从司法保证金中得到一笔收入。

许多罗马教团和祭司团会参与到罗马的节日中。例如：阿瓦利斯兄弟会是负责在五月祈祷司谷女神刻瑞斯恩惠的祭司组织；佛拉明祭司团负责看管供奉在每个"库里亚"（一个部落包含 10 个库里亚）的圣火，萨利祭司团的成员是年轻的神父，他们在军事行动期间负责唱歌跳舞，鼓舞士气。

此外，祭司负责通过观察动物的内脏昭示吉凶，通过解释飞鸟的行为和其他类似诸神显灵的迹象预测未来。如果祭司认为征兆为凶，则有权下令终止某些行为和决定，甚至可以取消投票，因此，祭司在罗马社会中具有相当大的影响力。

与宗教生活相关的另一个机构是传令祭司团，为罗马城邦国家的信使，他们以口头宣告的方式告知人们与其他城市签订的协议，并就违反了协议和条约相关权利的行为发表意见。

基督教在这种背景下被视为"异教"，不少古代信仰中的元素被纳入基督教的信仰中。4 世纪初，君士坦丁一世结束了基督徒地下活动状态，给予他们一定的特权，并允许他们建造伟大的教堂。313 年，君士坦丁一世颁布了《米兰敕令》，宣告基督徒可以自由从事宗教活动，从此，万神教作为罗马国教的时代结束了。公元 380 年 11 月 24 日，罗马皇帝狄奥多西奥发布了《萨洛尼卡敕令》，宣布基督教成为罗马帝国的国教。

全能之神朱庇特

在罗马神话中，朱庇特扮演着和希腊诸神中宙斯一样的角色：他掌管着诸神、人类，以及整个宇宙。朱庇特被称作"Juppiter Optimus Maximus Soter"，即"最伟大和最智慧的最高神朱庇特"。他是罗马的守护神，司管法律和社会秩序。朱庇特也是卡比托利欧三神之神，另外两位神祇分别是朱诺和密涅瓦。

在罗马神话中，他被描绘成一个睿智、严厉和公正的神，并且行为深不可测。朱庇特统治着大地和天空，鹰、闪电和权杖是他的标志。朱庇特是一位风流滥情的神，为了求爱，他会变成为天鹅、公牛或鸟类等动物，并采用各种陷阱和诡计。

罗马帝国时期，皇帝普遍会在自己的肖像和雕塑中采用朱庇特的形象特点，从而赋予皇权神性，比如，罗马皇帝克劳狄乌斯或图密善。

位于卡比托利欧山的朱庇特神庙是罗马最大的神庙，因卡比托利欧山是一块岩石的形状，也被称作"朱庇特之石"，皇帝会在山上宣誓就职。朱庇特神庙的修建始于国王塔克文·普里斯库斯，并由罗马最后一任国王高傲者塔克文完工，然而，朱庇特神庙于前509年9月13日才开放。神庙地基的墙墩遗址大多位于卡法雷利宫之下。据估算，这座古老神庙的总面积约为400平方米。

❖ **位于突尼斯斯贝特拉的朱庇特神庙**　斯贝特拉曾是重要的罗马城市，后成为拜占庭拜扎西纳首府。

建城传说

据传说，埃涅阿斯从被火焰吞没的特洛伊逃离出来，然后和父亲安科塞斯（Anquises）、儿子阿斯卡尼俄斯（Ascanio，也被称为朱利叶斯）一路向西。在维纳斯（Venus）的指引下，他们横跨了大海，直到帕拉蒂尼的国王埃万德罗（Evandro）同意为他们提供庇护，才终于结束逃亡之旅。不久之后，阿斯卡尼俄斯离开了帕拉蒂尼，建立了新城阿尔巴隆迦，并和拉丁姆地区的其他城市形成了联盟。诸神希望罗马的建城故事以伟大为标志，因此，很多神话都讲述了罗马这座永恒之城建城的传奇性，比如，罗穆路斯和雷穆斯被母狼哺育的传说，或萨宾女人被强掳的故事。所有关于罗马建城的故事，都讲述了罗马在成为前所未有的伟大帝国前的最初之路。◆

罗穆路斯 传说雷穆斯想在阿文廷山上建立一座城市，而罗穆路斯（上图为新古典主义绘画中的罗穆路斯）将飞鸟的轨迹解读为神谕，在神谕的指示下他选择了帕拉蒂尼山，就这样建立了罗马，罗穆路斯成为第一任国王。

《埃涅阿斯、安科塞斯和阿斯卡尼俄斯逃离特洛伊》，吉安·洛伦佐·贝尼尼（Gian Lorenzo Bernini），创作于1618年

成为伟大的荷马

《埃涅阿斯纪》是一部公元前1世纪的拉丁文史诗，作者是普布利乌斯·维吉利乌斯·马罗，也叫维吉尔。为了赞美自己开启的帝国，皇帝奥古斯都命令维吉尔写出了《埃涅阿斯纪》。维吉尔围绕特洛伊的陷落展开，将罗马建城当做一个神话事件讲述。曾有人说维吉尔的史诗模仿了享誉世界的荷马史诗《伊利亚特》和《奥德赛》。传闻，维吉尔在临死前下令焚毁《埃涅阿斯纪》，或许是因为他想切断和奥古斯都的政治联系。

鲁佩卡 国王阿穆略下令将双胞胎放在一个篮子里，抛弃在台伯河中，这样他们会被海浪卷走淹死。然而，篮子搁浅了，母狼鲁佩卡发现后将两个孩子养大。

战神之子

传说阿穆略篡夺了长兄国王努米托的皇位，并逼迫努米托的女儿蕾亚·西尔维亚做了维斯塔贞女。然而，蕾亚与战神马尔斯相遇并坠入爱河，生下了双胞胎罗穆路斯和雷穆斯。阿穆略得知后，下令将两个孩子抛入台伯河，企图杀死他们，一只路过的母狼救起了双胞胎，并用乳汁喂养了他们。随着时间的流逝，双胞胎长大成人，他们夺回了本应属于努米托的皇位，罗穆路斯建立了罗马。

◆ 战神马尔斯的雕像

谋杀 兄弟俩决定建立一座城市。罗穆路斯绘制了城市设计图，并发誓要杀死任何未经允许擅闯领地的人。在讨论这座城市的命名时，他们决定让看到更多飞鸟的那个人给城市命名。罗穆路斯胜出后，雷穆斯恼羞成怒，擦去了未来城市的边界线。为了完成曾经的誓言，罗穆路斯杀死了雷穆斯，最终城市命名为罗马。

牧羊人　罗穆路斯和雷穆斯被牧羊人浮士德勒和妻子阿卡·劳伦缇雅救回。他们在拉丁姆的文化中心加比奥接受教育，后来却成了盗匪。长大后，他们发现自己竟然是国王的孙子。

劫夺萨宾妇女　萨宾人是意大利的一个古老民族，居住在台伯河和亚平宁山脉之间。流行的传说认为，罗马建立后，罗穆路斯的臣民冲进了萨宾人的聚居地，绑架了他们的妻子后逃跑。萨宾人追上了罗马人，在双方剑拔弩张之时，萨宾女人冲进阵中，恳请双方停战，从而避免了双方的伤亡。最终，罗马人成为她们的丈夫。前268年，萨宾人与萨贝利人、萨姆尼人一起加入了罗马。

《罗穆路斯和雷穆斯》，查尔斯·德拉福斯，绘于1700年

神话故事的背景

　　作为伟大帝国的核心，罗马的起源必将带上某种神话色彩。关于罗马起源的神话在时间的长河中逐渐模糊不清，但在一些犹太教的神话中还可以追溯到关于罗马创建的传说。建立罗马后，罗穆路斯用犁划出了一条犁沟，标出了罗马城的界线，并警告会杀死擅自闯入的人。然而，雷穆斯不但取笑哥哥的誓言，还跳过了城市的界线。在蒂托·李维所著的《自建城以来》第一卷中，罗穆路斯警告说："任何胆敢越过围墙的人都会死。"就这样，罗穆路斯杀死了雷穆斯。雷穆斯死在哥哥罗穆路斯手中的故事，使人联想到《圣经》中该隐和亚伯的故事。亚伯之死是为了完成上帝赐予的道德使命，罗马神话中雷穆斯之死也是遵循了诸神的意志和罗马帝国的命运。这两个神话都旨在传递一种思考：比兄弟情谊这种原始和基本的情感更加重要的是什么？

罗马，永恒之城

　　罗马是意大利半岛上崛起的众多城邦国家之一，其起源与伊特鲁里亚人有着千丝万缕的联系，其城邦结构与小亚细亚和伯罗奔尼撒的城市结构相似，然而，罗马的命运却最终不同。前2世纪中叶，罗马在布匿战争中取得了胜利，清除了对手迦太基，由此走上扩张之路，并最终称霸整个地中海盆地。在成为称霸一方的帝国后，罗马论坛脱离了孕育民主的希腊广场模式，成为当时强盛帝国的中心。◆

朱庇特神庙　公元前6世纪后期，国王老塔克文在卡比托利欧山顶修建了朱庇特神庙，神庙的三个礼拜堂分别供奉着卡比托利欧三神：朱庇特、朱庇特的妻子朱诺和密涅瓦。

罗马城的城市分布图

交通和贸易中心

　　在台伯河与萨拉里亚大道交会处，拉丁部落在距离第勒尼安海28千米的七座山丘上定居，罗马城就在这里诞生了。台伯河上有一个小岛，河面可以步行涉水穿过。由于河流和浅滩非常近，罗马城因此成为繁忙的交通和商业中心。公元前8世纪左右，这些定居点被统一规划成罗马四方城。传说罗马城是由罗马七位国王中的第一任国王罗穆路斯建立的，罗马的命名也源于罗穆路斯。罗马历史学家认为，罗马城建于前753年，从此之后开始历史纪年。

卡比托利欧山　罗马最早有人聚居的地方，并自前6世纪起成为罗马的宗教中心。卡比托利欧山顶上有两个坚固的小山峰：卡皮托利乌峰和阿克斯峰，两座山峰上分别建立了朱庇特神庙和朱诺·莫尼塔神庙。

向帝国转变

　　1世纪，罗马成为帝国首都。罗马共和国时期，尤利乌斯·恺撒建立了一个新论坛，并以自己的名字命名。此后不少皇帝都延续了这一习俗，相继建立了5个论坛。除此之外，城市在不断扩张，需要建立新的城墙来保护坐落于卡比托利欧山后的战神广场。

共和国时期	帝国时期
1 壕沟	7 壕沟
2 外墙	8 外墙
3 主城门	9 主城门
4 军营	10 军营
5 粮仓	11 粮仓
6 副城门	12 副城门

罗马平面图，标有主要建筑

七丘之城　最早出现在罗马的人类定居点可以追溯到前1000年，位于台伯河旁边的帕拉蒂尼山。根据著名传说，罗穆路斯和雷穆斯就是在帕拉蒂尼山被母狼哺育大的。

维约维斯神庙 维约维斯神庙建于前192年，供奉着罗马诸神之王朱庇特，朱庇特是希腊神宙斯和伊特鲁里亚神维约维斯的合体。维约维斯神庙于1939年被考古学家发现。

朱诺·莫尼塔神庙 朱诺神庙建于前344年，是为了供奉被罗马人称为"好建议女神"朱诺。后来因贸易持续发展，罗马人在神庙附近修建了铸币厂，朱诺也随之被称为朱诺·莫尼塔（莫尼塔在西班牙语中意为"钱币"）。

赫斯提亚元老院 赫斯提亚元老院由国王图路斯·荷提里乌斯于前7世纪建造，是元老院最早的议事堂。赫斯提亚元老院旁边是建于公元前184年的罗马城第一座法院。

城墙 前4世纪，高卢人入侵后，罗马人建立起保护罗马七座山丘的城墙。城墙总长度超过8千米，随着城市不断扩张，城墙也在不断扩建。

户外集会场 在元老院议事的户外集会场上有一个演讲台，政治家们在这里发表演说。演讲台旁有一块黑色大理石，这块典礼石上的拉丁文铭文是目前所知的最古老的铭文。

艾米利亚巴西利卡 艾米利亚巴西利卡和对面的塞姆普罗妮娅巴西利卡是罗马的商业中心，两条面对论坛的相邻回廊在当时商铺林立。

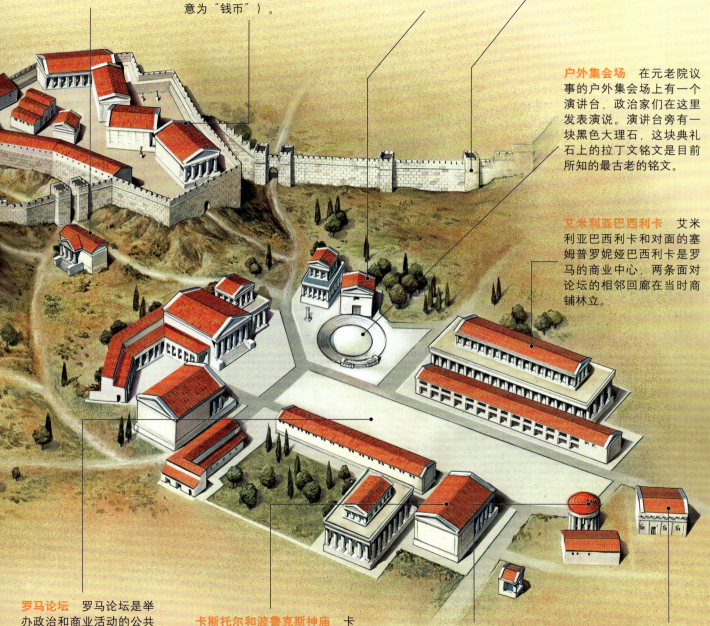

罗马论坛 罗马论坛是举办政治和商业活动的公共广场，坐落于帕拉蒂尼山与卡比托利欧山之间的山谷中。论坛广场通过圣道与城市其他部分相连，广场地下是前2世纪就已铺设的马克西姆下水道。

卡斯托尔和波鲁克斯神庙 卡斯托尔和波鲁克斯神庙建于前5世纪，是为了纪念朱庇特的双胞胎儿子，两人都参加了阿尔戈号的远征。如今，神庙保留下来的只有三根柱子和一些雕带的碎片。

维斯塔神庙 维斯塔神庙供奉着家庭的保护女神维斯塔的圣火。维斯塔贞女负责守护圣火，她们来自贵族阶层，必须是处女之身，住在神庙的附楼中。

雷格拉 雷格拉由国王努马·庞皮留斯于前7世纪建造，最初是国王的住所。罗马共和国时期，雷格拉成为罗马大祭司的住所。

奥古斯都时代

盖乌斯·尤利乌斯·恺撒·屋大维·奥古斯都（Cayo Julio César Octaviano Augusto，前63—14），在前27年之前一直被称为屋大维，后世认为他是罗马的开国皇帝，但屋大维本人在其统治期间并不这样认为。他更喜欢"第一公民"这个共和国头衔。尽管奥古斯都表面上维持着共和国机构的运转，可事实上，在长达40多年的统治中，他更像一位独裁者。奥古斯都结束了长达一个世纪的内战，给罗马带来了一段时间的和平与繁荣，确立了帝国的伟大基业。◆

荣耀 奥古斯都死后不久即被神化，他的两个名字，恺撒和奥古斯都变成了其后400年罗马皇帝的头衔。即使到了15世纪的君士坦丁堡，这些头衔仍被沿用。

皇帝奥古斯都雕像，位于罗马斗兽场

不败之路

盖乌斯·屋大维被尤利乌斯·恺撒收为养子并指定为继承人。前43年，屋大维与安东尼、雷必达建立了后三巨头联盟。随后，后三巨头在马其顿发动的腓力比之战中击败了谋杀恺撒的凶手布鲁图和卡西乌斯。前32年，逗留在埃及女王克利奥帕特拉宫廷的安东尼渐失威望，屋大维借此出兵埃及。前31年，屋大维在阿克提姆海战中大获全胜，继而吞并了埃及。返回罗马后，屋大维拒绝独裁，恢复了元老院的职权。前27年，屋大维被授予了"奥古斯都"的称号。随后，他接连不断地发动战争，以此开疆拓土，比如，在西班牙、高卢、潘诺尼亚和日耳曼尼亚等地的征战。

皇帝的妻子 杜路希拉·莉薇娅和前夫提比略·克劳狄乌斯·尼禄育有两子：大将军杜路苏斯和提比略，后者成了罗马第二代皇帝。前38年，杜路希拉·莉薇娅与屋大维结婚，屋大维后来成为奥古斯都，即罗马的第一位皇帝。

罗马人的"面包和马戏"

奥古斯都极力推广娱乐民众的政策，举办盛大的竞技比赛和公共娱乐活动，比如战车比赛（右图，帝国时期马赛克画）和角斗士竞技。奥古斯都用这种方法转移罗马民众的注意力，让其对正在国外进行的军事活动的关注转移到竞技比赛和公共娱乐活动上，并且忘记之前的内战。帝国疆域扩大后，罗马有了新的粮食来源，奥古斯都本人致力于满足罗马人民的基本需求。当然，矛盾由此转移到了被奴役的外国人身上，结果导致他们不断掀起叛乱。

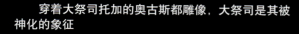

穿着大祭司托加的奥古斯都雕像，大祭司是其被神化的象征

农业问题

　　罗马的统治者通常骁勇善战，但对经济却知之甚少，奥古斯都也不例外。奥古斯都同所有皇帝一样，将农业的产出都消耗在军事、修建神庙和竞技娱乐方面。一旦帝国的扩张停止，被征服国家的战利品不再流入，经济就会停滞不前。从某种意义上说，奥古斯都的统治被认为是罗马权力与繁荣的转折。但是，尽管奥古斯都将土地分配给退役的士兵以振兴农业，其首都仍需依靠从埃及运来的粮食和大地主手中的农业财产维持运转。

道德运动　奥古斯都制定婚姻法律（禁止元老阶层与释奴后代结婚），鼓励建立家庭和积极生育，同时对奢侈风气、纵酒狂欢、卖淫、同性恋和通奸行为加以干预。然而，这场道德运动最终被证明是失败的，奥古斯都自己的女儿尤利娅就因通奸罪被流放。

大祭司是罗马宗教最崇高的职位。最初，只有罗马贵族被允许担任大祭司，直到公元前254年才出现了第一位平民出身的大祭司。这一职位在共和国早期是严格意义上的宗教职位，但逐渐被政治化，直到奥古斯都最终将其与帝位联系在一起。

末代女王　克利奥帕特拉七世（埃及艳后，上图为她的头像）是古埃及托勒密王朝最后一位女王，托勒密王朝由亚历山大大帝麾下将军索特·托勒密一世创建。克利奥帕特拉七世是克利奥帕特拉五世特丽菲娜和托勒密十二世奥勒忒斯的女儿，前51年，17岁的克利奥帕特拉七世和12岁的弟弟托勒密十三世一起继承了王位，托勒密十三世后来成了她的丈夫（这样的近亲婚姻在托勒密王朝十分常见）。

死亡悲剧

　　奥古斯都获胜后，埃及成了罗马的行省，克利奥帕特拉七世决定自尽。她命自己的侍女艾拉斯和卡尔萌给她带来一篮水果，其中藏有一条埃及著名的剧毒眼镜蛇阿普斯。其他版本则说，当得知她战败的丈夫马克·安东尼自杀的消息后，她也立刻自尽了。死前，她给奥古斯都写了一封信，表达了希望与丈夫合葬的愿望。直到今天，人们仍不知道克利奥帕特拉陵墓的地点。

❖ 克利奥帕特拉的宴会，提埃坡罗的壁画，18世纪

罗马诸神

　　罗马宗教是在一个连续的阶段中逐渐形成的，宗教大部分承继于希腊神话。罗马宗教建立在倡导万物有灵论的古老宗教基础上，这在家庭崇拜中尤为重要。同样，随着罗马相继征服了新的地区，罗马宗教也吸收并融合了当地神灵。罗马人会授予被征服民族的神祇与罗马原有的古代神祇相同的荣誉。多数时候，罗马人会为外国神祇建造正式的神庙以供奉他们。◆

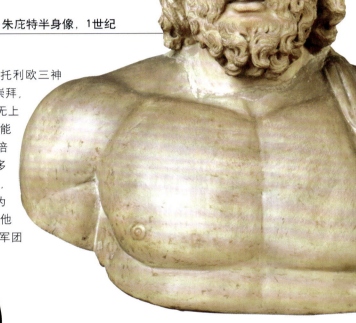

朱庇特半身像，1世纪

诸神之王

　　塔克文王室确立了卡比托利欧三神（朱庇特、朱诺和密涅瓦）的崇拜，三神在罗马宗教中享有至高无上的地位。诸神之首朱庇特因能为农场和葡萄园降下甘霖而倍享尊崇。在朱庇特拥有的众多神力中，他可以降下霹雳闪电，被认为是人类的主宰；又因为朱庇特统治着辽阔的疆域，他同时也被视为罗马帝国远征军团的保护神。

战神马尔斯　马尔斯是意大利的古老神祇，他的出现可能和古老的农业祭祀有关。在罗马不断巩固半岛的霸权时，马尔斯和希腊战神阿瑞斯逐渐融为一体。

女神维斯塔

　　维斯塔主导家庭的命运，负责维护家庭的完整并掌管日常生活事务。维斯塔起源于希腊女神赫斯提亚，赫斯提亚是克罗诺斯和瑞亚的女儿，宙斯的姐姐。维斯塔后与家神拉尔融合，通常在罗马人家中都有一座供奉维斯塔的神龛。作为家庭的守护神，维斯塔通常与意大利关于生育和自然的古老仪式有关，她保佑怀孕和分娩顺利。

　　古罗马属于农业社会，因此，罗马的神祇（上图为庞贝古城壁画中的家神们）代表了罗马人日常生活的实际需求。雅努斯和维斯塔守护着门和炉灶；拉尔保护着田野和房屋；帕尔丝保护牧群；萨图尔努斯职掌播种；刻瑞斯掌管谷物的生长；波摩纳职掌水果的生产；康苏斯和奥普斯掌管谷物的收获。

◆ 女神维斯塔的雕像，3世纪

女神朱诺的雕像，2世纪

女神朱诺

　　朱诺对应希腊女神赫拉，赫拉是克罗诺斯和瑞亚的女儿，宙斯的妻子。朱诺掌管天堂、光明和婚姻。在罗马，孩子出生后，人们会将其放在父亲的脚边，父亲用双手高高举起孩子将其撑在高处，孩子就获得了合法的地位，父亲也会致力于抚养和教育孩子，并终其一生引导孩子的生活。孩子出生的前8天被称为"primordia"（拉丁语），在这8天里人们会举办各种宗教典礼以祈求神祇保护新生命。作为朱庇特的妻子，朱诺是最受民众欢迎的守护神。

密涅瓦

　　密涅瓦对应希腊女神帕拉斯·雅典娜，与朱庇特、朱诺形成诸神中至高无上的卡比托利欧三神。密涅瓦代表智慧，是艺术和手工艺的守护神。帕拉斯是雅典的守护神，因而罗马人将起源于帕拉斯的密涅瓦视为帝国首都罗马的守护女神。

　　❖ 出现女神密涅瓦的壁画

威严的神庙

　　根据不同用途，罗马建筑既可以十分简朴，也可以非常豪华。桥梁和水渠简朴而实用，神庙和宫殿则豪华气派，具有鲜明的代表性。罗马最宏伟的建筑，尤其是用于举行宗教仪式的建筑，通常用石头建造，这些石柱的样式让人们不能直接看到建筑的内部结构。神庙的墙壁上装饰着绘画，地面铺设马赛克。随着基督教的发展，人们越来越注重建筑内部的装饰。

❖ 朱庇特神庙门廊废墟

外国神祇

库柏勒

　　罗马帝国时期，一些来自东方的神逐渐获得了人们的崇拜。例如，起源于小亚细亚弗里吉亚的神——库柏勒（右图为库柏勒及其象征物的浮雕）。

伊西斯

　　伊西斯是埃及人信奉的母亲女神，罗马人认为，她代表着自然的孕育力量和母性（右图为伊西斯黑色大理石雕像）。

密特拉

　　密特拉是波斯人崇拜的神灵，罗马人认为，他是真理的象征和人类的保护者（右图为出自罗马的密特拉雕像，2世纪）。

罗马万神殿

"Panteón"一词意为"诸神的",这个词已诉说了神庙的一切。阿格里帕神殿,亦称罗马万神殿,是一座建于罗马帝国初期供奉罗马诸神的圆形庙宇。因坐落于现今意大利首都罗马的圆形广场(罗通达广场),万神殿也被人们称为圆厅,米开朗琪罗称其为"天使的设计"。万神殿经过几次改建,19世纪末发现的最古老的遗迹揭示了最初的神庙与当前留存的神庙的相似之处。◆

怪面饰 经历了几个世纪,万神殿不断被装饰美化,比如,万神殿曾修建了模仿古代艺术的新古典主义风格的喷泉作为装饰(上图)。

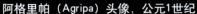

阿格里帕(Agripa)头像,公元1世纪

阿格里帕的万神殿

同罗马论坛的康考迪亚神庙一样,阿格里帕设计的第一座万神殿呈长方形。神庙由石灰华砌造而成,外墙用大理石装饰。柱头采用青铜装饰,神庙饰有女像柱和正面雕像。神庙前殿中有奥古斯都和阿格里帕的雕像。根据卡西乌斯·狄奥的记载,"万神殿"并不是神殿的正式名称,阿格里帕意图缔造出对尤利西斯家族的王朝崇拜:马尔斯、维纳斯和尤利西斯,也就是神格化的尤利西斯·恺撒。80年,神殿被一场大火烧毁,图密善对神庙进行了修复,然而,神庙于110年图拉真时代再次损毁。

◆ 第一座万神殿——阿格里帕万神殿遗迹内部

哈德良半身像,135年

哈德良神庙

哈德良(76-138)时代,万神殿被彻底重建。由于这位皇帝拒绝让他的名字出现在他统治期间修建的建筑中,万神殿的铭文中没有哈德良的名字。尽管尚不确定神庙的建筑师是哪一位,但通常认为,大马士革的阿波罗多洛斯是神庙的设计者,因为在图拉真统治时期他曾受到皇帝的重用。相对于先前的万神殿,设计者改变了万神殿的朝向,将主立面朝向北边。神庙的前殿由一列柱廊组成,主殿由宽敞的圆形门厅和中间的棱柱形结构组成。

建筑贡献

在古典神殿的门廊后连接一座宽敞的圆形大厅,这实为罗马建筑的一项创新。当时的大型温泉浴场普遍采用覆盖拱顶的圆形空间,然而,神庙采用这种空间设计却前所未有。

◆ 位于罗马圆形广场的万神殿鸟瞰图

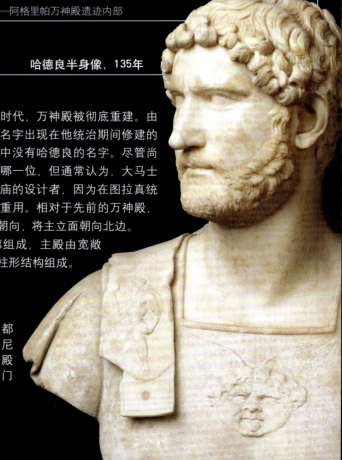

圆厅万神殿建在奥古斯都广场上,广场将神殿与尼普顿巴西利卡隔开。圣殿前的广场在三侧都建有门廊,并铺有石灰华地板。

罗马万神殿内部再现

献给诸神

　　万神殿最初是献给罗马神话中七位天神的神殿：太阳、月亮和五颗行星（水星、金星、火星、木星和土星），七座壁龛供奉着七位神祇。圆形大厅本身就是一个完美的球体空间，它代表了亚里士多德的宇宙观。人们视万神殿为连接人与神的地方，也是连接民众和皇帝的地方，因为皇帝在民众眼中就是神。

　　万神殿的**内部空间**由一个圆柱体和覆盖其上的半球组成。圆柱体的高度和半径相等，且建筑总高度等于圆柱体的直径，因此，神殿内部可以容纳一个整圆。直径为43.44米的穹顶是历史上最大的圆顶。出于对万神殿的尊重，圣彼得大教堂的穹顶被建得略小一些。

大师的杰作

　　两排四列柱子将神殿内部分为三个大殿。中殿入口处与门廊相连，两座侧殿的尽头是两座壁龛，壁龛前供奉着恺撒·奥古斯都和阿格里帕的雕像。罗马的建筑技术使穹顶历经漫长的19个世纪而无需加固。设计者为确保建筑的稳固，使用了两种办法减轻穹顶的重量：首先减轻材料本身的重量，用浮石代替地基中使用的石灰华来建造穹顶；其次逐渐向上减小穹顶墙体的厚度，最厚的地方有5.9米，最薄处为1.5米。

基督教的扩张

　　罗马帝国末期，基督教成为罗马的主要宗教。基督教最初在底层很受欢迎，并与万神教对立，信徒因此遭到迫害。君士坦丁在一场胜仗前梦见了十字架，随后颁布了《米兰敕令》，宣布了基督教的合法性。之后，随着《萨洛尼卡敕令》的颁布，基督教最终成为罗马的官方宗教。罗马主教在宗教和政治上都具有重要意义，主教最后变为了教皇，并指定罗马为基督教的中心。罗马被阿拉里克一世征服后，西罗马帝国在476年陷落，从此，罗马被拜占庭帝国和"蛮族"两大势力相互拉扯。◆

保罗图像

塔尔索的保罗

　　罗马公民扫罗出生于土耳其南部的塔尔索，最初扫罗带领一众士兵迫害基督徒。但在扫罗前往大马士革时遇到神迹，于是他退隐沙漠，皈依了基督教，并改名为保罗。保罗在进行了积极的传教行动后，被捕并被送往罗马。不过，还有一种说法认为，他在67年被尼禄斩首。

反映现实　耶稣曾经说过："骆驼穿过针眼，比财主进入神的国度还容易"，这句话的意思是要让财主为进天国而舍弃自己的财产几乎是不可能的事。原始基督徒社团成员以下层社会的穷苦人为主，他们对富人抱有冷漠甚至敌对性情绪是很自然的。

十诫　在《圣经》中，神在西奈山赐给摩西两块石板（左图）。石板上刻有十诫，其中一条为"爱邻如爱己"，圣保罗指出这是基督教教义的基本要求。

庞提乌斯·彼拉多

　　罗马的犹太行省总督庞提乌斯·彼拉多参与了对拿撒勒人耶稣的审判，并试图在庆祝复活节之际赦免耶稣。然而，人群聚集在庞提乌斯·彼拉多的宫殿前坚持进行审判，总督更是受到罗马军团的施压，于是他命人鞭打耶稣，并用荆棘绑住耶稣。他下令判处耶稣钉死在十字架上，随后以洗手表示自己与处死耶稣的事无关。

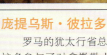

❖ 一本基督教家庭教义问答手册中的插图"彼拉多面前的基督"（1850 年印刷）

基督教三大重要时刻

死海古卷　出土于死海沿岸库姆兰的艾赛尼派社区的羊皮纸古卷（右图），通常认为，此教派推崇的禁欲和信仰与耶稣的教义有关。

地下墓穴　因在贫穷地区传教，基督徒受到罗马官方的迫害，不得不躲入罗马的地下墓穴中（右图）。

雕塑"哀悼基督"，米开朗琪罗（1475—1564）作

基督教

圣保罗在《罗马书》中写道："凡事都不可亏欠人，唯有彼此相爱。因为爱人，就完成了律法。"实际上，不管这些戒律是什么，都可以用"爱邻如己"这句话来概括。这些戒律将道德义务置于经济责任之前，在罗马最贫穷的社会阶层中深深扎下了根，不过，罗马的统治阶级从其中看到了基督教的颠覆性意图。

尼禄　在基督教扩张期间，罗马皇帝尼禄对耶稣的信徒发动了残酷的镇压。他曾下令在罗马纵火，并嫁祸基督徒。最后，尼禄引起了民众的不满和反对，元老院要求将其撤职。

圣母玛利亚　成为普通人痛苦的象征。由于帝国战争或罗马官员严苛的刑法，很多母亲失去了孩子，玛利亚这一形象成了她们的代表。

圣彼得雕像，朱塞佩·德·法布里斯作，19世纪

圣彼得

圣彼得是加利利海边的一位渔夫，他和他的兄弟安德烈追随耶稣。他是基督教的使徒，也是罗马的第一位主教，曾在加利西亚、比提尼亚和卡帕多西亚宣讲福音。圣彼得在成为安塔基亚的第一任主教后移居罗马，并担任了25年的主教。圣彼得殉难于尼禄发动的宗教迫害。

山上圣玛尔定圣殿

起初，基督徒在私人住宅中聚会，其中一些住宅后来成为了教堂。最古老的教堂是圣玛尔定圣殿（右图）。

文化遗产

文化遗产

制定法则的帝国

罗马的文化遗产如同帝国的疆域一般深远广袤，就像帝国统治下的民族那样多元。帝国将拉丁语作为官方语言推广，首次形成了一种"通用语言"，当然，这也与地中海地区在帝国文明影响下或多或少地趋向同质有关。拉丁语成为不同语言和文化之间的桥梁和纽带。直到今天，拉丁语仍被天主教教会用于《致全城与全球》文告的语言。实际上，拉丁语在宗教仪式、法令和公告中的使用，旨在规范信徒生活。

拉丁语带着或多或少的偶然性，派生出被统称为罗马语族的诸多语言，如西班牙语、法语、意大利语和罗马尼亚语等，这些语言在西方被广泛使用。同样，许多科学学科，如植物学和动物学，仍沿用拉丁语对特定内容进行分类，如花卉、树木，以及动物的分类和命名等。

罗马法

在罗马贡献给世界的这些文化遗产中，一些内容至今发挥着作用，比如罗马法。在法院、法庭、行使司法的机构中，法典以及与立法、司法相关的出版物中均可以见到罗马法的奠基性符号和法律原则。

法学家将罗马人编纂建立的一系列法律规则和法律论证命名为罗马法，历史时期从前753年罗马成立，

❖ **东方元素** 罗马在向埃及和亚洲的帝国扩张进程中，吸收了东方的宗教信仰和审美（左图，带有蛇形图案的金手镯）。

直到476年查士丁尼一世。文艺复兴时期，人们将罗马法命名为《民法大全》。现今的法律或法理学作品都或多或少与罗马法存在着联系。

法律是为调节各种社会冲突的需要而诞生的。罗马法也不例外，它的诞生伴随着罗马整个发展过程的冲突，即贵族和平民之间的矛盾。前451年，正式制定的《十二铜表法》成为整个罗马第一个统一的法律体系，在《十二铜表法》中即可见到希腊雅典法律对其的影响，正如希腊文化在罗马的政治和宗教生活中留下的深刻烙印一样。

罗马法律传统掌握在贵族手中，所有与法律有关的事务均归大祭司管辖，而大祭司由贵族担任，贵族们利用大祭司的权力为自己谋取利益。由于平民无法知道完成审判的依据是什么，因此将习惯和传统汇编成法律规范成为大众的诉求。已知的第一部结构性的法律条文《十二铜表法》就这样诞生了。《十二铜表法》公布于罗马论坛广场代表其正式确立。但这部法律无法解决结构性矛盾，因此不断有新的法律被制定出来。前367年，《李锡尼法》的颁布标志着平民与贵族形式上的平等，政府所有要职和祭祀职位逐渐向平民出身的人开放。通过每任罗马法官在任职期间颁布的法令，罗马的立法逐渐积累，成为《十二铜表法》的补充。

❖ **罗马斗兽场** 又名弗莱文圆形剧场，可容纳5万名观众，这里被用来举办角斗士比赛、战车比赛，以及其他公共娱乐活动。

❖ **饰品** 在维苏威火山脚下庞贝遗址发掘活动中发现的金手镯。（左图）

罗马的法律制度变得愈加复杂。罗马公民通过部族会议建立了对各项事宜的公民投票制度，这也正是现如今公民投票的起源。同时，元老院通过发布"元老院最终劝告"的决议，建立了越来越多的法律法规。

随着罗马帝国的建立，共和国时期的民主化权力被再次集中起来。皇帝通过护民官颁布了一系列帝国法令。同样，行省总督拥有司法权，可在其管辖的行省内颁布专属法律，但是其他人可以在元老院或皇帝面前就这些法律提出上诉。

不同范围、浩瀚烦琐且通常相互矛盾的法律催生出法学家或律师，他们试图建立统一的法律，以便为新的案件服务。

东罗马帝国皇帝狄奥多西二世汇编的《狄奥多西法典》是第一部对罗马法做了系统整理的法典。该法典成为继西罗马帝国之后的新日耳曼王国建立法律的基础。西哥特国王阿拉里克二世编纂的《阿拉里克罗马法辑要》是继《狄奥多西法典》之后的第二部罗马法典的汇编。

由于《狄奥多西法典》未涵盖的法律条文和案件数量越来越多，查士丁尼皇帝将所有罗马法律条文编入了

罗马喜剧

罗马喜剧相较于希腊喜剧更为辛辣和宏大，在世界文化中留下了独特而深远的印记。泰伦提乌斯和普劳图斯是罗马喜剧作家的代表性人物。普劳图斯的喜剧更喜闻乐见，而泰伦提乌斯的作品则更高雅，两人的风格都是辛辣而风趣。但很显然，普劳图斯的作品更有代表性，流传下来的喜剧也更多。两人均从希腊戏剧的早期作品中汲取素材，但他们不是简单的临摹，而是十分注重运用鲜明的罗马风格，形成自己的特点，使源于希腊的喜剧变成了拥有鲜明独立特征的罗马喜剧。有时，作家甚至会从多部喜剧中借鉴情节。这种在罗马喜剧中常用的手法被称为"contaminatio"，意思是混合。罗马喜剧中的许多内容，无论形式、情节，还是道德内涵，都成为后世的模仿对象和典范。莫里哀或莎士比亚等作家均借鉴了罗马喜剧的情节，例如，普劳图斯的《一坛黄金》和《安菲特律翁》影响了莫里哀，他根据这些作品创作了《怪客人》和《安菲特律翁》。

《民法大全》。西方的西哥特国王雷塞斯文托在《阿拉里克罗马法辑要》的基础上颁布新法《西哥特法典》，这部法律汇编典籍被9世纪西班牙的莱昂王国所采纳，为西班牙法律奠定了基础，直到被阿方索十世的《七章法典》所取代。

基于罗马法的古老历史，罗马法成为不可替代的法律参考。伟大的罗马法学家大多出自前130—230年的古典时期，他们创立了新的法律机构，并一直致力于实现正义准则：各得其所。罗马法最终成为许多国家民法和商法的基础。当前民法仍受到罗马法的准则和标准的影响，尤其是对遗产继承权的规定和相关义务方面。不过，在家庭法方面则更多采纳了天主教的价值准则，而非罗马法。此外，罗马法在商法等私法中的影响也相对较小，对公法的影响更是微乎其微。

工程和其他公共建设

为促进帝国各地的交通往来，罗马人铺设了包括公路、小路、大道和桥梁的交通网络，这些道路十分牢固，采用了当时最先进的技术，因而能够留存至今。建设道路时，罗马人首先铺设路基，挖出两条平行的沟槽确定

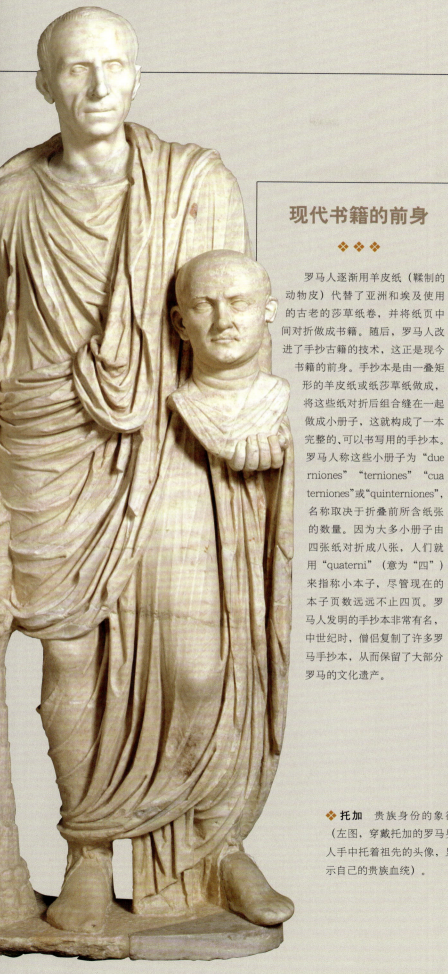

现代书籍的前身

❖ ❖ ❖

罗马人逐渐用羊皮纸（鞣制的动物皮）代替了亚洲和埃及使用的古老的莎草纸卷，并将纸页中间对折做成书籍。随后，罗马人改进了手抄古籍的技术，这正是现今书籍的前身。手抄本是由一叠矩形的羊皮纸或纸莎草纸做成，将这些纸对折后组合缝在一起做成小册子，这就构成了一本完整的、可以书写用的手抄本。罗马人称这些小册子为"due rniones" "terniones" "cua terniones"或"quinterniones"，名称取决于折叠前所含纸张的数量。因为大多小册子由四张纸对折成八张，人们就用"quaterni"（意为"四"）来指称小本子，尽管现在的本子页数远远不止四页。罗马人发明的手抄本非常有名，中世纪时，僧侣复制了许多罗马手抄本，从而保留了大部分罗马的文化遗产。

路面的宽度，接着将沟渠之间的土地挖至一米半的深度，然后从底向上依次用未经打磨的石头、沙砾层和沙石黏土混合层填充。最后，罗马人在路面上铺上碎石，再用形状规则的石板覆盖在最上面。

❖ **符号**　在下面这幅绘有罗马青年的马赛克画中，青年背后的手杖被教会采用为象征符号。

❖ **托加**　贵族身份的象征（左图，穿戴托加的罗马男人手中托着祖先的头像，显示自己的贵族血统）。

❖ **狄奥多西大帝** 下图，刻有狄奥多西加冕场景的银盘。狄奥多西大帝在整个帝国推行基督教和艺术。

道路宽度始终取决于一个地区及该地区所连接城市军事和经济的重要性。通常，道路宽度在 1.5～8 米。罗马人在路边按一定长度间隔放置里程碑标明距离。据估算，罗马的主要道路网络长度超过 12 万千米。

公路贯穿城市，公路旁的人行道略高于马路。街道上通常有按等间距隔开的石块，这就是今天人行横道的雏形，这样的路面，不仅方便行人在下雨天穿过马路，也有效阻止了车辆过快行驶，从而危及行人安全。当时的马车车轮被设计成同等间距，方便通过这些道路。

污水通过位于城市地下的下水道排出。出于方便维护和防范危险情况等考虑，下水道被设计得非常宽敞。在出水口处放置了栅门，防止有人通过下水道进入城市。桥梁可以克服自然障碍，横跨河流、悬崖或深谷，也节省了寻找浅滩或平原的时间，丰富了交通网络的功能。罗马人修建了许多由石头或烤砖建造的桥梁，作为跨越河流道路的一部分。

水渠是罗马工程的特色。由于罗马人不知道如何制造耐水压的大直径管道，因此他们无法制造一定高度的虹吸管。为解决供水问题，罗马人修建了水渠。水渠由半圆拱连接的高大柱子支撑，顶部是略微倾斜的通道，因而从高海拔地区寻找到的泉水或水库中汲取的水可以顺利通过水渠流向城市。水流到达城市后又通过铅管被输送到城市各处。

从罗马巴西利卡到基督教教堂

拉丁语"basílica"（巴西利卡，长方形会堂）源自希腊语"basiliké"，意为"王室的"，是"basiliké oikía"一词的缩写。巴西利卡起初多是王室住所，后变成了法院，坐落于论坛广场。后来，基督徒沿用了巴西利卡的布局，很多时候直接改造罗马巴西利卡，将其用作教堂。罗马巴西利卡有多种用途：贸易场所、宗教场所，更为常见的是司法机构。巴西利卡也被当作讨论公共事务的聚会场所。建筑结构上，

巴西利卡平面呈矩形，由一个或多个殿组成，且殿堂数量总是奇数。中殿通常更宽、更高，并由圆柱支撑。设计者利用殿与殿的高度差在墙壁高处开出照明孔。在主殿的一端一般会有半圆屋顶，下面安置着主席台。半圆屋顶相对的另一端是带有门廊的入口，有时入口也位于较大的侧殿中央。继君士坦丁大帝于313年颁布《米兰敕令》之后，罗马帝国正式接受了基督教。此后，基督徒将巴西利卡建筑改造，用于建造新庙宇。罗马的七座巴西利卡分别为：洗者

圣若翰圣史圣若望总主教座堂，是罗马教皇的主教座堂；马杰奥尔圣母玛利亚大教堂，原为安提阿牧首的座堂；梵蒂冈圣彼得大教堂，它是天主教的总部；城外圣保禄大殿，曾是亚历山大港牧首的座堂；城外圣巴斯弟盎圣殿；城外圣老楞佐圣殿；以及耶路撒冷圣十字圣殿。今天，只有前四座仍被称为特级宗座圣殿，教皇可以在其中主持祭礼等。

◆ **马杰奥尔圣母玛丽亚大教堂**是唯一保留了完整的巴西利卡设计和早期基督教建筑结构的殿堂。

壮观的剧场

　　早期的剧院都是用木头建造的，前52年，庞培在罗马建立了第一座石头剧院。与希腊的建造方式不同，罗马剧院建在平坦的地面上，用石头砌出人造斜坡。为了增强声学效果，罗马的建筑师将剧院建为半圆形。表演在被称为"pulpitum"的平台上进行，看台分为三部分：最低、最接近舞台的看台为元老院议员和贵族而设；女性只能坐在最高、离舞台最远的看台；平民则坐在中间的看台。罗马致力于用"面包和马戏"政策取悦民众，表演内容没有延续希腊悲剧的传统，改为推广喜剧类型。◆

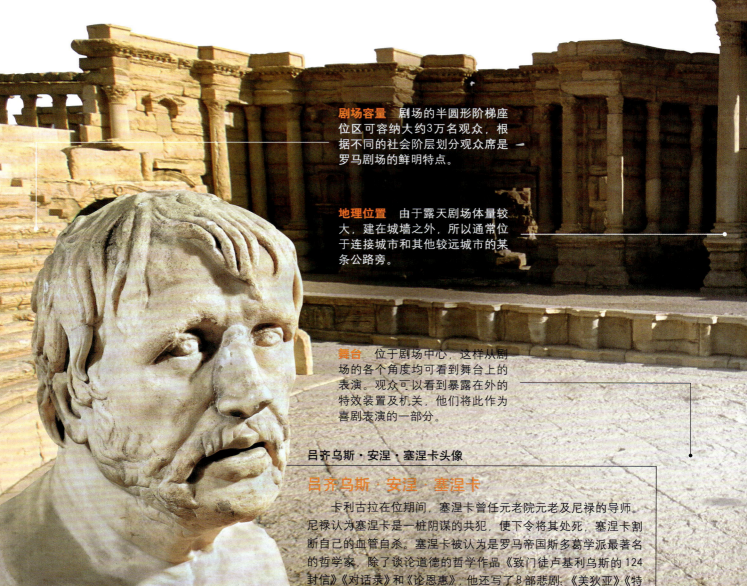

剧场容量　剧场的半圆形阶梯座位区可容纳大约3万名观众，根据不同的社会阶层划分观众席是罗马剧场的鲜明特点。

地理位置　由于露天剧场体量较大，建在城墙之外，所以通常位于连接城市和其他较远城市的某条公路旁。

舞台　位于剧场中心，这样从剧场的各个角度均可看到舞台上的表演。观众可以看到暴露在外的特效装置及机关，他们将此作为喜剧表演的一部分。

吕齐乌斯·安涅·塞涅卡头像

吕齐乌斯·安涅·塞涅卡

　　卡利古拉在位期间，塞涅卡曾任元老院元老及尼禄的导师。尼禄认为塞涅卡是一桩阴谋的共犯，便下令将其处死，塞涅卡割断自己的血管自杀。塞涅卡被认为是罗马帝国斯多葛学派最著名的哲学家，除了谈论道德的哲学作品《致门徒卢基利乌斯的124封信》《对话录》和《论恩惠》，他还写了8部悲剧，《美狄亚》《特洛伊妇女》《阿伽门农》《俄狄浦斯》《希波吕托斯》《费德拉》《疯狂的赫拉克勒斯》和《提埃斯忒斯》。

位于叙利亚巴尔米拉的罗马圆形剧场，建于3世纪

圆形剧场

在希腊或小亚细亚没有出现过圆形剧场。罗马在帝国具有影响力的区域共建造了约75座剧场。剧场结构处处呼应其主要功能：举办公共娱乐活动和赛事。帝国最古老的剧院位于伊特鲁里亚和坎帕尼亚，建于前2世纪末。与半圆形的古典剧院不同，圆形剧场呈圆形或椭圆形。圆形剧场与竞技场也有所区别，竞技场用于举办赛车比赛，形状呈马蹄形。最初，剧场以木料修建，随后改用雕刻的石头作为建筑材料，再后来人们使用混凝土建造剧场，并设计了连环拱和拱顶。最著名的圆形剧场毫无疑问是罗马斗兽场，原名为弗莱文圆形剧场。

缺席的合唱团 与希腊戏剧不同，罗马戏剧不使用合唱团，因为相对于探讨哲学问题，罗马喜剧更注重情节（左图，这幅创作于3世纪的马赛克镶嵌画描绘的是在两副喜剧面具前的一位诗人）。

1世纪的罗马马赛克画中的悲剧和喜剧面具

悲剧和喜剧

亚里士多德在《诗学》中曾阐述过悲剧有疏泄情感的作用，相比于希腊悲剧，罗马喜剧则变成了纯粹的娱乐项目。虽然罗马将喜剧作为一种流派推广，但罗马喜剧却失去了雅典喜剧的深度，比如阿里斯托芬的作品所展现的戏剧深度。罗马伟大的喜剧作家有昆图斯·恩纽斯、凯基利乌斯·斯塔提乌斯、马可·帕库维乌斯以及最重要的普劳图斯。

音乐 戏剧作品常伴有音乐，配合着舞台上人群的表演。表演更重情景，音乐并不是喜剧的核心部分。打击乐器是最常用的乐器。

普劳图斯的喜剧精神

尽管普劳图斯（前251—前184年）的作品受到希腊喜剧的影响，但其仍具有鲜明的罗马风格，这是因为，他知道如何根据罗马平民阶层流行的文化将滑稽笑闹的风格融入其作品。人们可以在普劳图斯的作品里看到许多罗马市场和小酒馆所特有的街头语言。他对情节的处理手法影响了自文艺复兴时期开始出现的情景喜剧，其作品中的许多角色都被意大利即兴喜剧所采用。普劳图斯最著名的作品包括《吹牛军人》《驴的喜剧》《商人》《一坛黄金》和《巴克基斯》。

❖ 这幅罗马马赛克画描绘了讽刺喜剧的一出场景

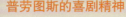

罗马法

罗马法通常指自前 753 年罗马建立到 476 年西罗马帝国灭亡，罗马政府所颁布的法律。许多法学家认为，罗马法应涵盖 1453 年君士坦丁堡被奥斯曼帝国攻陷之前，东罗马帝国颁布的各项法律。从狭义上讲，罗马法应包含直到 6 世纪、查士丁尼一世去世前用到的各项法律。相反，有人则认为，罗马法仅指查士丁尼一世编纂的《民法大全》。◆

集权 屋大维将所有权力接管，奠定了帝国的基础。中央集权政府是帝国持续扩张的前提。

狄奥多西二世 东罗马帝国皇帝狄奥多西二世对罗马法进行了系统化的整理，在他的主持下编纂了《狄奥多西法典》，这部法典成了西罗马帝国之后的新日耳曼王国建立法律的基础（上图，拜占庭式许愿灯）。

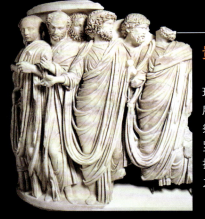

阿希里亚石棺上雕刻的贵族公民细节

贵族的法律

罗马法的诞生是贵族和平民之间反复出现争端的结果。罗马的法律掌握在贵族手中，所有与法律有关的事务归大祭司管辖，而大祭司显然只能由贵族担任。实际上，法律由罗马贵族任意解释，平民无从知道法律是依据什么进行审判，贵族们则利用大祭司的权力为自己谋取利益。

《十二铜表法》

前 367 年，平民争取平等的进程达到顶峰，政府所有要职和祭祀职位逐渐向平民出身的人开放，尽管一个多世纪后才出现了第一位由平民担任的大祭司。《十二铜表法》的颁布标志着立法改革的实现。

◆ 罗马人阅读《十二铜表法》的情景再现

带有查士丁尼肖像的拜占庭硬币

《查士丁尼法典》

527—565 年，拜占庭皇帝查士丁尼在位，他试图重振昔日罗马帝国的雄风。为此，他发动了对萨珊波斯人、东哥特人、汪达尔人和西哥特人的多次战争，战火波及意大利、北非和伊比利亚南部等地。他的主要执政成就包括：兴建拉文纳的圣维塔教堂和君士坦丁堡的圣索菲亚大教堂。同样重要的还有由查士丁尼倡议并亲自组织汇编的罗马法，自 12 世纪以来，这部法典也被称为《民法大全》。编纂该法典的原因在于，此前的《狄奥多西法典》未涵盖的法律条文和案件数量日益增多。《民法大全》是了解罗马法的重要来源，它为后人的立法纲要提供了参考。

阿庇乌斯·克劳狄乌斯和元老们，切萨雷·马卡里（1840—1919年）所画

立法改革

　　阿庇乌斯·克劳狄乌斯是公元前 4 世纪伟大的立法改革者之一，因后来失明也被称为"失明者"。前 312 年，阿庇乌斯·克劳狄乌斯当选监察官，推行了具有深远影响的改革政策。他提议自由人的子女可以入选元老院，这表明商人和工匠的力量在不断增强，但这一提议却遭到贵族的强烈反对。因此，元老院议员最终的选举方式依然保持不变。

监察官　尽管贵族们强烈反对，阿庇乌斯·克劳狄乌斯仍继续担任监察官，并于公元前308年被任命为执政官。他坚持自己的改革，利用监察官的职权让每个公民自行选择部落并注册，从而打破了保守派的主导地位。

裁判官　共和国初期，"praetor"一词即指执政官，因为执政官需要在打仗时指挥军队。前366年，罗马设立了裁判官一职，负责司法事务。直到前337年才允许平民担任裁判官。

罗马斗兽场

前 29 年，执政官斯塔提留斯·道拉斯在战神广场建立了一座竞技场。这座建筑几乎完全由木头建造，在 64 年的一场大火中被烧毁。70 年，皇帝韦斯帕芗下令在竞技场的原址上重建斗兽场，他的儿子提图斯在位期间继续此项工程，80 年，斗兽场在未完全竣工时即对外开放。82 年，韦斯帕芗的次子图密善完成了斗兽场的修建。5 万名观众蜂拥而至，痴迷于观看战车比赛、角斗士和野兽搏斗，帝国的统治阶级用这种"面包和马戏"政策来迎合和讨好平民，借此让他们忘记与贵族之间的矛盾冲突和维权斗争。◆

罗马斗兽场模型

巨型竞技场

斗兽场呈长圆形，相当于两个古罗马剧场相对，然后合二为一，这是当时建筑的一项创新，工程历时 10 年建成。斗兽场高 49 米，外环周长达 517 米，底部三层由连拱支撑，形成了一个巨大拱顶走廊。斗兽场是罗马著名的标志性建筑之一。2003 年，意大利政府着手对斗兽场遮阳棚、椭圆形竞技台、地下通道和竞技场下的木质支架进行重建。

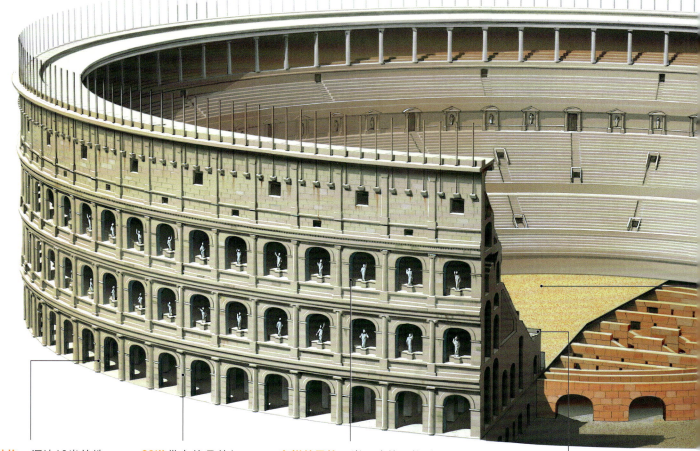

结构 深达12米的地基支撑着80根圆柱，圆柱又支撑着石灰华大理石立面。内回廊由拱门和拱顶构成。

80道带有编号的门开在斗兽场的外环，详细的信息表能帮助观众找到看台和座位。

多样的风格 嵌入式的石柱采用了三种柱式风格：第一层为陶立克式；第二层是爱奥尼式；第三层为科林斯式。这些富有不同细节风格的石柱为斗兽场增加了美感。

皇帝的包厢 位于南部第一层看台。罗马贵族和富有的公民占据了第一层看台的其余席位，第一层到第三层的席位均由大理石建成。

重要事件

与野兽搏斗

　　在早晨的训练中，罗马人会用针和火来激怒野兽，如狮子、熊、公牛、豹子、犀牛、河马、老虎等。

海战表演

　　一场精彩的海战模拟。地下管道系统可以引水注池，几分钟之内就能将竞技场变成一片人工湖。

双轮战车

　　皇帝卡利古拉和尼禄都曾痴迷于战车比赛。赛车手站在车上，手中挥舞着鞭子，缰绳绑在腰间。赛车手必须绕着赛道跑7圈。

竞技场的沙地　竞技场铺设的沙子可以吸收血液，竞技场下迷宫般的回廊深达6米，囚笼中的野兽和等待上场的角斗士挤在这里。

遮阳帆布　斗兽场外立面上排列着240根杆子，用来支撑为观众遮阳的遮阳帆布，据说，这些遮阳帆布是由驻扎在罗马的舰队水兵负责操控的。

顶层看台　女人、奴隶和外国人坐在第四层和第五层看台。为避免建筑的结构过载，座位由木料制成。

"啊，皇帝，将死之人向您致敬"

　　角斗士由受过专业训练的志愿者、罪犯或战俘担任。他们在角斗士学校接受训练，在罗马斗兽场中与野兽或其他角斗士搏斗。通常角斗士会两人一组，或组成双方人数相等的两队，分为持剑盾的追击士、拿三叉戟和网的网斗士，以及拿着重型武器的"罗马敌人"。帝国时期人们相当崇拜角斗士。战斗后由皇帝决定角斗士的生死，竖起大拇指则是生，大拇指向下则是死。

❖ 罗马壁画中描绘斗兽场内角斗士搏斗的场景

出入口　5万名观众可在短短的10分钟之内　通过看台上的这些出入口疏散出斗兽场。看台上的栏杆防止观众跌落。

野兽的孔洞　在斗兽场椭圆形地道的最外一圈凿有38个孔洞，野兽通过折叠式坡道或滑轮升降机系统被运输到斗兽场。

角斗士通道　地下通道连接着斗兽场附属的角斗士学校，角斗士从这里进入竞技场。卢达斯·马格努斯是罗马最大的角斗士学校。

内部结构　横断面显示了内部连拱廊的结构，拱廊由罗马混凝土、砖块和石头建造。

楼梯　从最下面一层的同心圆地道到最上面的看台都有楼梯连接，人们猜测，当时应有指示牌指引看台座次。

演讲艺术

从政是希腊城邦民主政治创造的结果，并被视为一项特殊活动。从政在罗马催生了演说术的发展，并且演变为一项艺术。演说术成为政客、教师必须学会使用的一项工具。罗马帝国的政治体制比希腊城邦更复杂，这种机制催生了演说家，他们推动了演说术的发展，在如今许多场景中仍能看到这些演说家的身影。西塞罗的演讲艺术至今仍演说术的范例。◆

马尔库斯·波尔基乌斯·加图半身像

监察官加图

马尔库斯·波尔基乌斯·加图也被称为"老加图"或"监察官加图"，以严谨的演说风格和简朴的作风为人熟知。他曾在伊比利亚担任执政官和监察官。作为演说家，加图名气非凡，曾为许多政治家教授演说课程。加图曾将自己的演说心得写入带有指导性质的《农业志》一书中。加图的曾孙与他同名，又称"小加图"，也以出色的演说能力著称。小加图反对尤利乌斯·恺撒，在庞培被恺撒击败后，小加图也自杀身死。

格拉古兄弟

格拉古两兄弟盖约和提比略曾在希腊接受教育，是活跃的演说家，两人担任护民官时均主张保护贫民的利益。盖约是撒丁岛的财务检察官，前123年，他当选为代表平民利益的护民官，与强大的元老院贵族多次对峙。他的哥哥提比略是西班牙的财务检察官，曾参与对迦太基的战争。提比略于公元前133年当选为护民官，他提出了有关农业改革的法律，该法律推动土地分配更加平等，以造福小农场主。两人后来都被罗马近卫军杀死。

◆ 格拉古两兄弟盖约和提比略的雕像

放置在元老院的马库斯·图利乌斯·西塞罗半身像

马库斯·图利乌斯·西塞罗

马库斯·图利乌斯·西塞罗是政治家、哲学家、作家，同时也是罗马最伟大的演说家。他是前 1 世纪对罗马发展至关重要的人物之一。前 64 年，西塞罗当选为执政官，这是他政治生涯的顶峰。在其发表的政治演说中，最为著名的两个主题分别为《反喀提林演说》和《腓力比克之辩》，后者是西塞罗陆续发表的反马可·安东尼的十四次演说。在西塞罗浩如烟海的著作中，《莱伊利乌斯：论友谊》和《老加图：论老年》这两篇著名的对话体论著分别阐述了友谊和老年；《论责任》探讨了道德义务；《论演说家》是西塞罗论述教育的主要著作；《论共和国》和《论法律》则是西塞罗对政治进行阐发的著作。

托加 托加是一种宽大呈半圆形的羊毛服装，穿着时要将它在下身来回缠绕，并将料头塞进腰部的衣褶中，少一半在上身通过右腋下绕过脖子，做出到腰部的领口样式。穿戴好的托加在身体右侧整理出衣褶，长袍斜挂于左肩，遮住左臂。托加通常为白色，渴望权力的政治家尤其喜欢穿白色托加。原意为"纯白"的"candida"在今日政界成为"候选人"一词的起源。

权力象征 贵族平日穿着托加，在元老院的重要会议上则会穿带有紫色"克拉比"条饰的长丘尼卡。在一些特殊场合，贵族则会穿上镶边的托加。

穿着托加的罗马青年护民官雕像

政治生涯

在一个由贵族掌权的社会里，社会出身对开启一段政治生涯来说至关重要。一个有政治志向的平民通常会选择在军队中服役几年，如果得到晋升，他就会倚赖贵族出身的政治家，凭借"新贵"的身份进入元老院。出色的演说能力将为平民增加政治筹码。

喀提林阴谋

路奇乌斯·塞尔吉乌斯·喀提林（前 108- 前 62 年），是罗马共和国末期的著名政客，隶属于元老院中的民主派。喀提林是密谋发动政变试图推翻罗马元老院的主角。西塞罗用一番演讲痛斥喀提林，说出了历史将铭记的辩护词："喀提林，你究竟要滥用我们的容忍到什么时候？"

❖ 西塞罗在元老院发表谴责喀提林的演说场景（想象复原图）

普布利乌斯·科尔奈利乌斯·塔西陀 112–113年，普布利乌斯·科尔奈利乌斯·塔西陀担任亚细亚行省总督，他出色的演说才能和对演说术的贡献很快为他赢得了声誉。塔西罗与同时代杰出的政治家来往密切。

马库斯·法比尤斯·昆体良 马库斯·法比尤斯·昆体良出生于西班牙行省的卡拉奥拉，是1世纪罗马出色的演说家。他的著作《雄辩术原理》对辩论术进行了系统的整理。

罗马诗歌

普布留斯·维吉留斯·马罗也被称为维吉尔，是罗马诗歌的代表人物。作为希腊诗歌的伟大鉴赏家，他与其他著名的文人来往密切。维吉尔学习哲学、数学和修辞学，并对占星术、医学、动物学和植物学均有涉猎。他的主要作品《埃涅阿斯纪》讲述了罗马的神话起源，因而成为罗马帝国的代表性史诗。最初，维吉尔受到伊壁鸠鲁哲学的影响，后来转向信奉柏拉图主义哲学，从而使数百年后维吉尔成为文艺复兴时期人们的主要研究对象。◆

奥维德（Ovidio）肖像，文艺复兴时期想象图

普布利乌斯·奥维修斯·纳索

普布利乌斯·奥维修斯·纳索，也被称为奥维德，由于未知原因，他被流放到黑海之滨的托米斯。奥维德的作品被谴责为缺乏道德观，书籍被当众烧毁。奥维德被认为是最崇高的罗马诗人之一，他的诗歌自然朴素，风格内敛，其作品主要涵盖三个主题：爱情、神话故事和流放生活。

埃涅阿斯 与女神阿佛洛狄忒相爱，女神诞下埃涅阿斯。因此，同荷马史诗中的阿喀琉斯一样，埃涅阿斯也是半人半神。特洛伊陷落时，埃涅阿斯背着父亲逃出了城。

罗马印章上的贺拉斯（Horacio）侧面像

昆图斯·贺拉斯·弗拉库斯

昆图斯·贺拉斯·弗拉库斯，历史上通称其贺拉斯，是维吉尔和梅塞纳斯的挚友。他的诗歌体裁多样，著名作品有《讽刺诗集》、《长短句集》和《书札》。贺拉斯在其作品《歌集》（Odas）中借鉴了希腊抒情诗，将其运用到拉丁语诗歌的创作中。他《书札》中的名作《诗艺》影响了文艺复兴时期的但丁和彼特拉克。

维吉尔的诗歌遗产

《牧歌》
如左图文艺复兴时期的画作所呈现的，《牧歌》将人类细腻的情感融于优美的自然风光之中。

《农事诗》
维吉尔在《农事诗》中描述了一种理想化的田园生活，牧羊人和牧羊女变成了爱情的象征（左图，维吉尔的上述作品的插图）。

《神曲》

在这部由意大利诗人但丁·阿利吉耶里创作于14世纪的作品中，维吉尔引导作者穿越地狱、炼狱和天堂，寻找贝阿特丽，贝阿特丽是文艺复兴时期美丽的完美化身。为了表达对维吉尔的敬佩，但丁将这位拉丁诗人当作地狱和天国的引路人。

❖《但丁的渡舟》，欧仁·德拉克罗瓦的画作，1822年

18世纪油画《埃涅阿斯逃离特洛伊》，蓬佩奥·吉罗拉莫·巴托尼的作品

《埃涅阿斯纪》

这是一部前1世纪的史诗，作者维吉尔。为了颂扬步入帝国时代的罗马，为罗马的起源增加了神话色彩，皇帝奥古斯都委托维吉尔写出了《埃涅阿斯纪》。为此，维吉尔对荷马著名的神话诗《伊利亚特》进行了续写，围绕特洛伊战争和这座城市的陷落展开史诗，将罗马建城当作一个传奇的神话故事讲述。《埃涅阿斯纪》这个名字正是来自特洛伊的英雄埃涅阿斯，他从被阿卡亚人烧毁的家园逃离，最终到了意大利。

特洛伊　在奥德修斯用伪装的木马攻破特洛伊城后，特洛伊最终在阿卡亚人手中陷落，城市被洗劫一空。埃涅阿斯的悲剧及其家乡的陷落彰显了无比的戏剧性。

克瑞乌萨　在特洛伊遭到洗劫、陷入火海的那个夜晚，埃涅阿斯失去了妻子克瑞乌萨。后来，克瑞乌萨的幽灵在他面前出现，对他预言，在经历了漫长的流亡生活后，他将建立一个繁盛的王国。

阿斯卡尼俄斯　埃涅阿斯的儿子阿斯卡尼俄斯建立了阿尔巴隆迦，这座城市是罗马的前身。根据维吉尔的诗歌，罗马人是阿斯卡尼俄斯的后裔，因此也是埃涅阿斯的后裔。

梅塞纳斯

盖乌斯·梅塞纳斯（前70—前8年）是出身于伊特鲁里亚的罗马贵族，是奥古斯都的知己兼谋臣。梅塞纳斯在文学史上一向以资助和保护年轻诗人闻名，比如，他发掘了贺拉斯，并赠予他一座位于萨宾山的庄园。他也赞助了维吉尔，维吉尔的《农事诗》即献给了梅塞纳斯。

❖《梅塞纳斯向奥古斯都大帝呈现自由艺术》，乔凡尼·巴蒂斯塔·提埃坡罗的画作，1743年

文艺复兴时期的诗人维吉尔半身像，1514年

维吉尔

维吉尔（前70—前19年）是农民的儿子，出生于阿尔卑斯山高卢地区曼图亚附近的安德斯村。政治家盖乌斯·梅塞纳斯向他提供了慷慨的资助，维吉尔因而接受了良好的教育并学习了修辞学和诗歌。后来，梅塞纳斯的名字衍生为文学艺术赞助者的代名词。维吉尔的少年是在他的家乡度过的，青年时期他先后搬到克雷莫纳、米兰和罗马完成学业。在罗马，他进入了"新诗人派"的圈子。为了完善已完成的《埃涅阿斯纪》中的内容，维吉尔游历了小亚细亚和希腊。在雅典，他遇到了奥古斯都，并带着病体随他回到意大利。不久，维吉尔病逝，葬于那不勒斯，享年51岁。

博物馆中的罗马

  从巨大的水渠、桥梁和公路到凯旋门、寺庙、剧场和竞技场，这些宏伟的公共工程成为罗马帝国所到之处的奇观。此外，罗马帝国疆域辽阔，其遗产散布在世界各地的众多博物馆中，例如，浮雕、铭文、墓葬品、壁画、雕塑、雕带、马赛克、金器、武器、器皿，以及大量其他物品。罗马文化随着帝国的四处征战而广泛传播，这些文化遗产变成战利品留存于世。罗马对世界的影响重大而深远，即使是与罗马相距遥远的国家也以拥有罗马的遗产为荣。◆

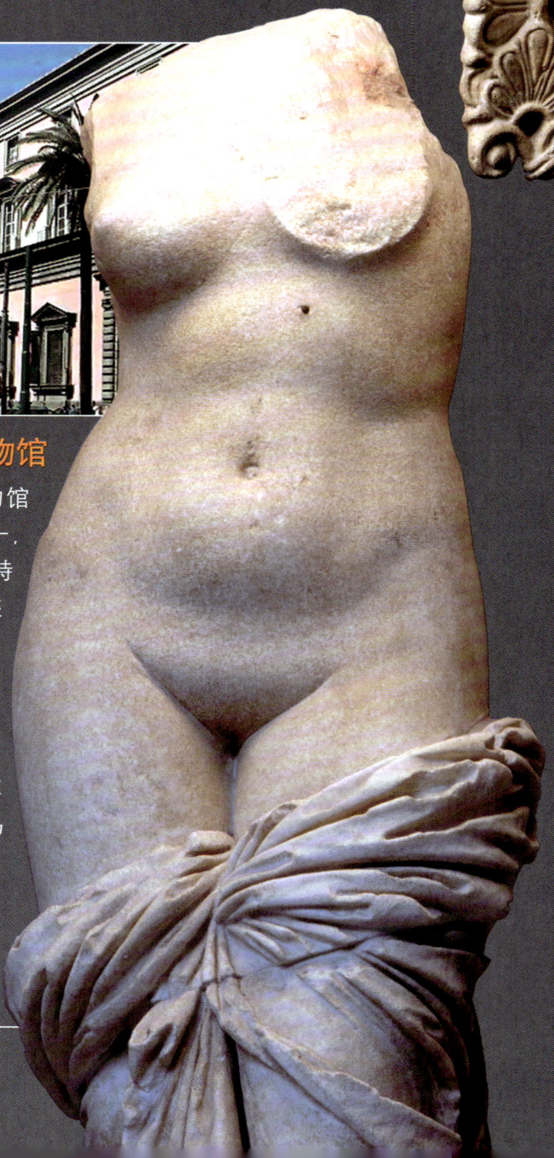

那不勒斯国家考古博物馆

  那不勒斯国家考古博物馆是世界上最重要的博物馆之一，这是因为，一方面，古代伊特鲁里亚城邦国家的一些遗迹主要集中在意大利南部的那不勒斯附近和西西里岛；另一方面，那不勒斯附近有一些罗马时代的遗迹，尤其是城市附近的庞贝古城和赫库兰尼姆古城发掘出来的罗马遗迹。

 ❖ 上图，那不勒斯国家考古博物馆正面；右图，维纳斯女神罗马雕像的残迹

伊特鲁里亚国家博物馆

  朱莉亚别墅原是教宗儒略三世的别墅，现在是伊特鲁里亚国家博物馆。博物馆成立于1889年，主要保存古罗马时代以前的拉丁姆、下伊特鲁里亚和翁布里亚地区的古物。其馆藏包括最重要的伊特鲁里亚城市考古文物和墓葬品。位于博物馆切尔韦泰里区的"夫妻石棺"是博物馆的镇馆之宝；馆藏的卡斯特拉尼文明以其珠宝和金饰而闻名遐迩。

 ❖ 上图，伊特鲁里亚雕塑细节；下图，朱莉亚别墅博物馆的正面

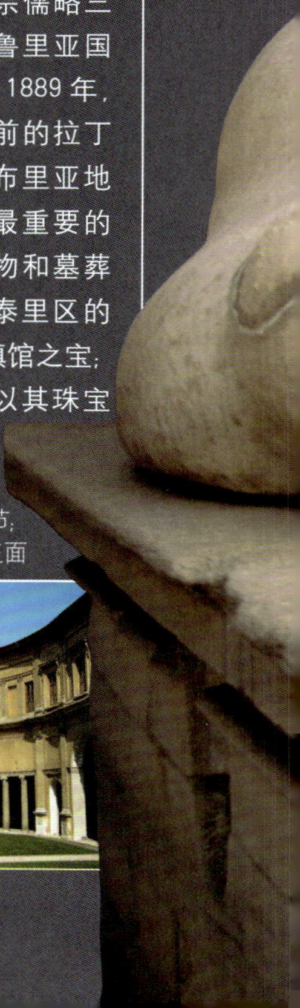

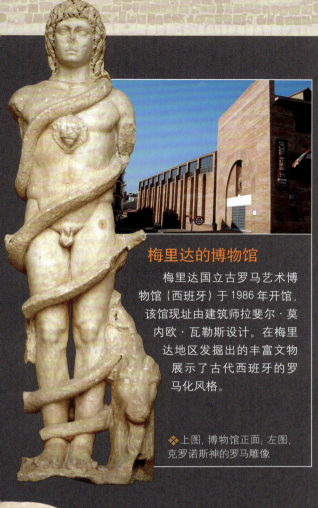

梅里达的博物馆

梅里达国立古罗马艺术博物馆（西班牙）于 1986 年开馆，该馆现址由建筑师拉斐尔·莫内欧·瓦勒斯设计。在梅里达地区发掘出的丰富文物展示了古代西班牙的罗马化风格。

❖ 上图，博物馆正面；左图，克罗诺斯神的罗马雕像

大英博物馆

大英博物馆的古代馆藏保存着最为重要的罗马艺术文物，波特兰花瓶是其中最珍贵的展品。这只来自 1 世纪的罗马器皿高约 25 厘米，直径 56 厘米，瓶身由钴蓝色玻璃制成，覆盖着雕刻成人与神的白色玻璃浮雕。

❖ 下图，大英博物馆正面；右图，2 世纪基督教时代的罗马雕像

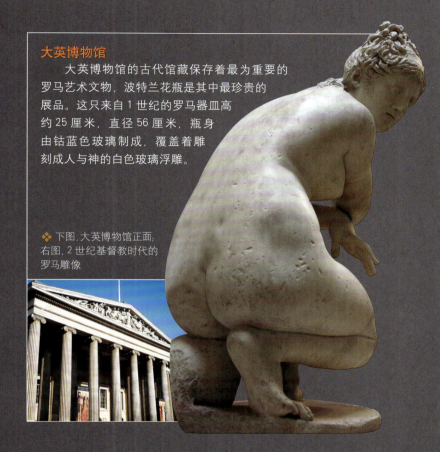

罗马卡比托利欧博物馆

卡比托利欧博物馆的创建可追溯到 1471 年，当时，教皇西克斯图斯四世向罗马人捐赠了一套具有重大历史价值的青铜雕像。这些藏品与罗马城的历史息息相关，罗马的大部分遗产均承继于古罗马城。

❖ 下图，卡比托利欧博物馆正面；左图，君士坦丁大帝巨像脚部残件，330 年

纪年表

如同所有讲述帝国起源的故事一样，总有一个神话将帝国的跌宕命运和扩张野心合法化。以罗马为例，这一切均始于罗穆路斯和雷穆斯兄弟被一头母狼哺育，并在台伯河沿岸建立了一座城市。实际上，随着亚历山大大帝统治下的帝国土崩瓦解，其在地中海东部的霸权也走向消亡，位于拉丁姆的罗马城邦因此取而代之，开始逐渐建立起对意大利半岛上其他城市的霸权。在击败经济和军事强敌迦太基之后，罗马开启了扩张模式，并由此成为古代最重要的帝国。◆

前753
罗马城建立。

前753—前510
普遍认为，罗穆路斯于前753年4月21日建立罗马城，开启了王政体制。罗穆路斯的统治到公元前716年结束。

国王
罗穆路斯身后的罗马国王有：

努马·庞皮留斯（前715—前674年在位）
努马·庞皮留斯对罗马历法进行了改革，调整了阳历年和阴历年，增加了1月和2月，这样新的历法有12个月。他还制定了许多罗马宗教仪式，设置了名叫"flamen maioris"的最高祭司。为了便于管理，他将罗马周围地区划分为多个区，并将罗穆路斯征服的土地分配给罗马公民。

托里斯·奥斯蒂吕斯（前673—前642年在位）
托里斯多次发动对阿尔巴·隆加、菲迪尼和维爱的战争，罗马因此获得了新的领土和更大的权力。托里斯·奥斯蒂吕斯尽管十分好战，却

接纳了那些到罗马寻求庇护和向往新生活的人，并从中挑选出第三批成为罗马贵族阶级的人。托里斯还为元老院会场修建了新建筑，这座建筑在国王死后存在了5个世纪。托里斯的统治持续了31年。

安库斯·马尔西乌斯（前642—前617年在位）
安库斯·马尔西乌斯在台勒尼安海岸建立了奥斯蒂亚港口，建立了第一批制盐场，并通过古老的萨拉里亚贸易河道向萨宾牧民提供食盐。得益于安库斯实行的外交政策，罗马的规模不断扩大，还与几个较小的村庄结成了和平联盟。

塔克文一世（前616—前579年在位）
塔克文一世为被征服的伊特鲁里亚部落提供了元老院的100个席位，这样，元老院的人数就达到了300人。他利用在战争中获得的巨大战利品，在罗马建造了宏伟的纪念性建筑，其中最为著名的是马克西姆下水道。马克西姆下水道将原来汇集于罗马山丘之间低地的台伯河的一段支流排水引流，通

过排水开垦，塔克文一世在原来的沼泽地带建起了罗马论坛。此外，马克西穆斯竞技场是塔克文一世最著名的建筑项目，这是一座举办战马比赛的巨大竞技场，是迄今为止世界上最大的竞技场。

塞尔维乌斯·图里乌斯（前578—前534年在位）
塞尔维乌斯·图里乌斯制定了更加关注公民阶层利益的新宪法。他还在罗马进行了最早的人口普查，依据罗马公民拥有的财力将罗马人分为五个阶层，每个阶层对应不同的投票票数，大部分的政治权力都集中在罗马精英的手里。

高傲者塔克文（前534—519年在位）
塔克文用前所未有的暴力、谋杀和恐怖手段维持对罗马的统治，甚至废除了前任国王们的数项宪法改革。他为罗马所做的最大贡献，就是完成了其父亲普里斯库斯遗留的朱庇特神庙的修建。塔克文废除并

摧毁了塔尔珀伊亚岩石上所有的萨宾神社和祭坛，激怒了罗马人民。他默许自己的儿子塞克斯图斯图里侵犯了罗马贵族琉克蕾西娅，这成为他专制统治的转折点。琉克蕾西娅的亲戚路奇乌斯·尤尼乌斯·布鲁特斯（马尔库斯·尤利乌斯·布鲁图斯的祖先）召集了元老院，元老院在前510年决定驱逐塔克文，并决定废除王政体制。前509年，罗马建立了共和国。

前509
共和国的颂歌
塔克文的侄子路奇乌斯·尤尼乌斯·布鲁特斯和琉克蕾西娅的鳏夫路奇乌斯·塔克文·科拉提努斯成为罗马新政府的第一任执政官。在共和国政府的领导下，罗马人征服了几乎整个地中海地区，这一政体维持了将近500年，直到尤利乌斯·恺撒和屋大维登上历史的舞台。后来，执政官的权力被分割，政府增加了新职位行使各种权力，但比王政体制时期国王拥有的权力范围更窄。第一批新职位中的裁判官行使原来由执政官所掌管的司法权，而监察官则开展人口普查的权力。在高傲者塔克文被驱逐的9年后，罗马人设立了独裁官一职，在一段很短的时间内独裁官被赋予管理所有事务的绝对权力。在经历了一段严重的社会冲突之后，贵族阶层任命了第一位平民执政官。尽管罗马与迦太基签署了和平条

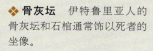

❖ 骨灰坛　伊特鲁里亚人的骨灰坛和石棺通常饰以死者的坐像。

从王政体制到共和国

贵族阶级的巩固

传说，罗穆路斯是王政体制罗马城邦的第一任国王。基于严格的宗族世系关系，只有罗穆路斯的后代才有资格成为罗马公民，进而形成贵族阶级。平民阶级则由最底层的奴隶和从事农业生产的小商人组成，他们位于社会金字塔的底层。经济实力的基础建立在土地所有权和对贸易的控制上。维持这种社会结构需要更为复杂的国家机器，一方面，军事机构掌握大权；另一方面，罗马法律也服务于国家机器，并且为历史做出了重要贡献。

约，但两国之间的竞争愈演愈烈。

前264

第一次布匿战争开始，罗马夺取巴勒莫，设立西西里岛行省。前238年，吞并科西嘉岛和撒丁岛。公元前219年，汉尼拔夺取萨贡托。

前218

第二次布匿战争开始。前214年，罗马发动了对马其顿的战争。前211年，罗马夺取卡普阿。科尔内利乌斯·西庇阿，绰号"阿非利加征服者"，夺取新迦太基。前204年，扎马战役胜利。西庇阿前往非洲。前197年，罗马设立远西班牙行省和近西班牙行省。前194年，罗马军团占领希腊。前183年，汉尼拔自杀。前181年，西班牙发生暴动。前171年，第三次马其顿战争爆发。

前149

第三次布匿战争开始。前148年，罗马设立马其顿行省。前146年，迦太基灭亡，罗马设立非洲行省。前129年，罗马设立亚细亚行省。前123年至前122年，盖

约·格拉古任护民官。前107年，执政官马略推行军事改革。

前91

护民官玛尔库斯·李维·杜路苏斯（Mario Livio Druso）被暗杀。多个行省爆发起义，贵族和平民之间的冲突不断加剧。

前73

斯巴达克斯带领角斗士起义，不断有奴隶和没有土地的农民加入进来。前71年，起义者在锡拉罗被李锡尼·克拉苏镇压。前70年，克拉苏和庞培一起就任执政官。前67—前63年，庞培东征。前59年，庞培、克拉苏和尤利乌斯·恺撒结为"前三头联盟"。尤利乌斯·恺撒就任执政官。

前63—前62

喀提林阴谋破产，西塞罗就任执政官。罗马设立叙利亚行省。

前51

尤利乌斯·恺撒征服高卢，带领军队进入意大利。前48—前47年，恺撒和庞培在希腊对峙。

前48年，恺撒在法萨卢击败庞培。

前44

尤利乌斯·恺撒被暗杀。

前36

阿格里帕击败安东尼。亚克兴战役胜利。前31年，根据恺撒遗嘱，盖乌斯·尤利乌斯·恺撒·屋大维成为继承人并在罗马掌权。前30年，屋大维占领埃及的亚历山大港。马克·安东尼去世，克利奥帕特拉自杀。

❖ **四帝共治雕像** 四帝共治雕像来自叙利亚或埃及，可追溯至4世纪，目前位于威尼斯圣马尔谷圣殿宗主教座堂。

共和时代的罗马
走向权力统一

在巩固对意大利半岛伊特鲁里亚城邦的霸权后，罗马开始征服地中海东部的希腊城市。由于战争的重担总是由罗马的平民阶层担负，而征战得来的利益却总是落在贵族阶级手中，因而社会冲突不断加剧，并很快演化为内战。这场危机影响到了罗马的政治和军事结构，贵族阶级不得不做出让步以维持特权。随后，罗马进入了"共和时代"，罗马人民得到了部分权力。但是，社会阶层的界限仍然存在，贵族和平民之间仍禁止通婚。

前21

帝国的诞生

屋大维被元老院授予"奥古斯都"称号，实际上已成为皇帝，罗马变为了帝国。皇帝被神格化，接受人民的崇拜。权力掌握在朱里亚·克劳狄乌王朝的手中。前25年，罗马设立加拉太行省，前20年，征服帕提亚，随后，奥古斯都宣布已实现"罗马统治下的和平"，由此开启了一段政治、经济和军事的繁盛时期。

前13—前9

在提比略于多瑙河流域和尼尔巴岛上取得了一系列胜利之后，杜路苏斯征服了帕诺尼亚人和日耳曼人。前9年，"和平祭坛"建成。

1

拿撒勒人耶稣出生（按照惯例，这一年是基督纪年的开始）。

14

奥古斯都去世，元老院宣布提比略为皇帝。盖乌斯·恺撒·日耳曼尼库斯进攻日耳曼人，卡帕多细亚和科马基尼最终并入罗马帝国，设立行省。37年，提比略去世。

37

盖乌斯·恺撒·日耳曼尼库斯，也被称为卡利古拉，继任为帝，罗马政府开始实行以皇帝崇拜为中心的神权君主专制。41年，卡利古拉遇刺身亡。

41

克劳狄乌斯成为皇帝。43年，罗马征战不列颠南部。46年，色雷斯并入帝国版图。50年，罗马占领日耳曼的大部分地区。54年，克劳狄乌斯被小阿格里皮娜（Agripina）暗杀。

54

尼禄继任为皇帝。58-66年，韦斯帕芗进攻犹太并占领耶路撒冷。59年，小阿格里皮娜被暗杀。曾任尼禄和屋大维娅老师的阿弗拉尼乌斯·布鲁斯被暗杀。尼禄与波比娅结婚。

64

面对基督教的不断发展，罗马禄下令让罗马纵火，并嫁祸基督徒。68年，尼禄自杀。

68

加尔巴被拥立为皇帝。韦斯帕芗镇压犹太人的起义。69年，加尔巴被暗杀。

69

奥托被任命为皇帝，但由于缺乏军团的支持，不久之后便自杀了。维特里乌斯继任，但很快遭到暗杀。

70

韦斯帕芗被拥立为皇帝。他的儿子提图斯摧毁了耶路撒冷，进而驱逐犹太人。罗马斗兽场开始修建。79年，韦斯帕芗去世，他的儿子提图斯继任。同年，维苏威火山爆发，庞贝和赫库兰尼姆两座城市被摧毁。81年，提图斯去世，图密善继位，结束了对不列颠的征战。96年，图密善被暗杀，涅尔瓦被立为皇帝，于98年去世。

98

西班牙人图拉真即位，他是第一位出生在行省的皇帝。

114

罗马设立亚美尼亚行省和美索不达米亚行省，帝国的版图达到了极盛。117年，图拉真去世，哈德良成为皇帝。132-135年，巴尔·科赫巴领导的叛乱在犹太行省被镇压，所有犹太人被驱逐出境。138年，哈德良去世。138-161年，安敦尼·庇护在位。

161

元老院宣布马可·奥勒留为皇帝。瘟疫在整个帝国蔓延并严重影响了罗马。公元180年，马可·奥勒留在多瑙河的一场战役中死去。康茂德即位。192年，罗马大火，康茂德被谋杀。

193

"五帝之年"是罗马帝国分裂的征兆：先是佩蒂纳克斯被杀，狄第乌斯·尤利安努斯在罗马即位，随后，佩西尼乌斯·尼格尔在叙利亚、克劳狄乌斯·亚尔比努斯在不列颠、塞普蒂米乌斯·塞维鲁在潘诺尼亚发起公开声讨。最终，塞维鲁登基，成为帝国唯一的皇帝。202年，罗马颁布针对基督徒和犹太人的敕令。211年，塞普蒂米乌斯·塞维鲁去世。帝国分裂的危机加剧：卡拉卡拉和盖塔即位成为共治皇帝。卡拉卡拉将盖塔杀害，他颁布了"安东尼努斯敕令"，赋予帝国所有自由人罗马公民权。217年，卡拉卡拉被暗杀，马克里努斯被推举为皇帝，在位仅一年。222年，埃拉伽巴路斯短暂的统治后，亚历山大·塞维鲁即位。234年，阿拉曼尼人开始入侵莱茵河。

235—284

"军事无政府状态"时期，其间罗马皇位频繁更迭，基督教被镇压，并且瘟疫大暴发。250年，哥特人入侵。253年，瓦勒良担任帝国东方皇帝，其子加里恩努斯担任帝国西方皇帝。260年，瓦勒良死于波斯。270年，奥勒良继承皇位，将对太阳神和对皇帝的崇拜确立为官方信仰。法兰克人和哥特人入侵。276—283年，普罗布斯在位期间有力地抗击了蛮族入侵。

284

戴克里先即位。新皇帝稳定了帝国内部局势，展开重大的制度改革，建立了四帝共治制。他大范围镇压基督

从帝国的扩张到帝国的分裂

"蛮族"叩开罗马国门

罗马帝国江河日下,许多"蛮族"趁帝国陷入内乱之机,逼近帝国的边界,并在边境地区定居,他们不断袭扰边境,越过防线。尽管罗马军团采取了各种应对措施,但在1—4世纪,蛮族依旧设法突破了帝国防线,并直接在侵入地定居下来。由于这些蛮族要与其他民族争夺生存空间,他们不得不以武力侵犯劫掠罗马。在这些日耳曼部落中融入了哥特人、法兰克人、斯维汇人、勃艮第人、盎格鲁人、撒克逊人、朱特人、汪达尔人、阿拉诺人和阿拉曼尼人。罗马军团无力抵抗这些蛮族潮水般的进犯,权力中枢分裂,帝国东方最终转移到了君士坦丁堡,这也意味着,罗马帝国统一霸权终结,帝国被一分为二。

徒。286年,马克西米安摄政。293年,君士坦提乌斯·克洛鲁斯和伽列里乌斯共同摄政。帝国被划分为12个辖区,又进一步细分为101个省。帝国建立了绝对君主制。

307

罗马帝国的分裂

君士坦丁一世担任皇帝,封为奥古斯都。他颁布宗教宽容法令并定居罗马。313年,他颁布了《米兰敕令》赋予基督徒宗教自由。

324

君士坦丁一世皈依基督教,下令兴建新都,着手将宫廷移至君士坦丁堡,罗马城不再是帝国的中心。325年,教会召开尼西亚公会议,将阿里乌斯教派斥为异端。

337

君士坦丁一世去世。他的儿子君士坦丁二世就任帝国东部皇帝,君士坦斯一世就任帝国西部皇帝。361年,君士坦丁二世去世,弗拉维乌斯·克劳狄乌斯·尤利安努斯继位。由于他重新发起对基督徒的迫害,因此被称为"叛教者尤利安"。363年,尤利安死于对波斯军的战役。帝国首次分裂。瓦伦提尼安努斯(364—375年在位)和瓦伦斯(364—378年在位)分治帝国。366—384年,达玛稣担任罗马主教。

379

狄奥多西一世登基,他于380年颁布《萨洛尼卡敕令》,确定基督教为帝国国教。392年,基督教以外的异教被禁止。395年,狄奥多西一世去世后,帝国分裂,其子阿卡狄乌斯继承了帝国东方,霍诺里乌斯继承了帝国西方。此后,帝国正式分裂为东罗马帝国和西罗马帝国。罗穆路斯·奥古斯都被任命为西罗马帝国的皇帝,但于476年被暗杀,这一年被认为是西罗马帝国灭亡的标志。东罗马帝国,又名拜占庭帝国,一直延续到1453年被奥斯曼帝国攻陷。

❖ **托加**　这座穿着托加的官员青铜雕像(右图)可追溯至前1世纪。托加是贵族阶级的象征,罗马贵族可享受政治、军事和经济特权。

❖ **迦太基墓葬面具**　此面具(左图)可追溯到前400—300年,出土于迦太基遗址,迦太基曾是罗马劲敌。

术语表

"渡过卢比孔河"

"渡过卢比孔河"意为"破釜沉舟"，这个典故源于尤利乌斯·恺撒征服高卢后，率军渡过卢比孔河，这意味着他与元老院的正式对抗拉开帷幕。

"面包和马戏"

这个表达用于指代罗马皇帝用廉价食物和公共表演来愚化平民的政策。

"家庭的"

西班牙语的"doméstico"源于拉丁语"domus"，意为"家庭的"，指家庭范围内的事物，也指代区别于野生动物的家养动物。引申意义指代一个家庭中的仆人。

"骰子已经掷出了"

这是尤利乌斯·恺撒在渡过卢比孔河时所说的话，表示无论结果如何，他已决定进军罗马。

百人队

罗马军团作战的基本单位，由100名步兵组成。

半圆形后殿

神庙的一部分，一般为圆形拱顶，位于建筑后部。通常在半圆形后殿设立祭坛和圣坛。它是拜占庭式、罗马式和哥特式建筑的经典元素。

被保护民

对古罗马人来说，被保护民是接受特定贵族保护的平民，反过来，这些平民给予保护他们的贵族以支持。

被释奴

指获得自由，但无法享有自由公民权利的奴隶。

敕令

由君主或独裁官授权颁布的措施或决议，等同于法令。

独裁官

罗马共和国末期设立的职位，所有公共权力都集中在独裁官手中。

反喀提林演说

谴责性质的演说，这个词来源于西塞罗，他在元老院针对喀提林策划的阴谋进行了一番激烈的演说。

高卢人

指高卢人或与这个古欧洲国家有关的人。尤利乌斯·恺撒征服了高卢后，成了罗马政坛上的强者。后来，高卢人也指代法国人。

公路

罗马统治期间修建的地面交通网络。最初公路用于军事用途，后被用于连接城市、促进贸易。

共和制

存在于罗马王政体制时期和帝国时期之间的政府形式。该词最初起源于拉丁语"res"（事物）和"publica"（公共），即私有领域之外的所有事物。

贵族

罗慕路斯挑选的第一批罗马元老的后代，他们组成了贵族阶级，与平民阶级对立。

护民官

护民官这一罗马官职代表平民阶级的利益。

迦太基的商人

罗马人会用"迦太基的商人"形容一个狡猾的商人。迦太基是北非的前腓尼基殖民地，曾与罗马争夺过地中海的贸易控制权。

角斗士

古罗马公共赛事中与对手或野兽搏斗的斗士。最为普遍接受的理论认为，"角斗士"的名称来源于斗士惯用的剑（拉丁语：gladius）。角斗士通常都是奴隶和战俘。

禁卫军长官

皇帝身边的亲信，负责指挥罗马禁卫军。

竞技场

罗马人用来举办表演和比赛的公共建筑，如角斗士和野兽的搏斗表演。最古老的竞技场可追溯至伊特鲁里亚和坎帕尼亚，可追溯至公元前2世纪末，最著名的竞技场是罗马斗兽场。除了功能不同，斗兽场和古典剧院之间的区别在于，前者是圆形或椭圆形，而古典剧院则是半圆形。竞技场是用于举办战车比赛、角斗士比赛的建筑。

酒神节

这是一种狂野而神秘的聚会，起源于罗马人对酒神巴克斯的祭祀。

军团

罗马军队的主体，由塞尔维乌斯·图里乌斯创建。军团由步兵、骑兵和武器装备组成。

恺撒主义

这个词来源于尤利乌斯·恺撒，他在共和国末期成为独裁官。该词被用来描述政府趋向独裁统治的状况。

库里亚议事厅

位于城市论坛广场的行政建筑，用于举办元老院或市政机构的会议。

拉丁纳兹戈

在西班牙语中表示博学程度的拉丁语词汇或短语。

拉丁语

古意大利地区通行的语言，是古罗马文化的主要载体，并由此派生出罗马语族的不同语言。

拉尔

设置在家中用来祭祀家神的祭坛，家神包括逝者的魂灵和其他司掌家庭事务的神。后来拉尔衍生为家的代名词。

擂台

用绳索和帆布、地板圈出来的空间，用于举办拳击比赛和其他类型的搏斗。该词起源于"quadrilaterus"，意为"四边形"。

灵魂

拉丁语，指逝去祖先的灵魂，罗马人会在家中的祭坛祭拜他们。

论坛广场

承继于希腊的集会广场，

罗马论坛广场是城市的心脏，所有社会和政治生活均围绕着论坛广场进行。

罗马斗兽场

圆形的封闭场地，用于举办体育赛事。该词来源于罗马的圆形角斗场，最初名为弗莱文圆形剧场。这座巨型建筑在古代可容纳5万名观众。斗兽场建于罗马论坛的东侧，举行角斗士比赛和其他表演。斗兽场的建造工程始于70年，由韦斯帕芗下令修建。

罗马和平

以独裁和暴力手段实现的和平。"罗马统治下的和平"一词来自于罗马人在奥古斯都皇帝统治下的帝国范围内的和平。尽管这种和平对帝国的发展是积极的，但这种和平是建立在对其他民族的征服之上。

罗马化

将政治、文化、社会和军事的原则强加给被罗马征服的人民的过程。

罗马禁卫军

帝国时期设立的特殊机构，是皇帝直属的私人卫队。

罗马语族

起源于拉丁语的欧洲语言，例如西班牙语、法语、意大利语、罗马尼亚语等。

罗马语族世界

使用罗马语族语言或起源于拉丁语的语言地区。

马赛克

马赛克是罗马人偏爱的建筑装饰元素。他们用小块的嵌面石拼出马赛克画，在拉丁语中被称为"镶嵌艺术"。

梅塞纳斯

艺术和艺术家保护人的代名词。该词起源于梅塞纳斯，他是奥古斯都的谋臣，也是维吉尔、贺拉斯和普罗佩提乌斯等人的赞助者。

鸟象占卜官

负责预言未来的占卜师。罗马的占卜官通过鸟群的飞行踪迹或被献祭的动物内脏来解读诸神的意志。

努曼西亚的抵抗

该表述用于描述坚持到最后一刻的抵抗。努曼西亚是塞尔特贝里亚的一个城市，多年来一直挑战罗马的权威。最终，罗马人派出西庇阿·埃米利安努斯，他围攻了这座城市长达数月之久，城市的领导者宁愿自杀也不愿投降，这座城市最终被夷为平地。

贫民

指位于古罗马社会底层的阶层，他们通常会养育很多孩子。

平民

平民是在罗马建立后定居在罗马的公民，他们只享有公民权。

嵌面石

用于制作马赛克的材料，立方体，由钙质岩石、玻璃或陶瓷材料制成，被精心加工成不同的尺寸。艺术家根据颜色和形状将它们在平面上组成图案，再用大量水泥将其黏合起来。

水道

人工修建的地下管道或拱形支撑的高架管道，用于输水。

汪达尔人

406年入侵高卢的日耳曼民族，其好战的性格使"汪达尔人"一词变成了残酷狂暴的同义词。

温泉浴场

在温泉浴场有专门的体育和娱乐场地。温泉浴场也是罗马人聚会的地方，那些无法在家中举办聚会的人往往会选择浴场。有时，皇帝或贵族会为平民提供免费沐浴。

西班牙的

指代属于西班牙或与西班牙有关的人或事物。该词的起源可以追溯到古罗马的西班牙行省或该行省的城镇，以及后来在这些城镇出生的人。

义素

在语言学中，如果一门之前的语言的某些词汇和特征在当前语言中仍然存在，那么，这些词汇和特征就称为义素。

营造官

古罗马的营造官掌管公共工程，负责罗马城的神庙、房屋和街道的维修、装饰和清洁。与由平民选出的营造官不同，被称为有资格座椅的市政官，来自贵族阶级。

语言流

在毗邻的两个地区，一个地区的语言受到另一个地区影响的现象

元老院

元老院是一个咨询机构，旨在平衡君主手中的集权。罗马建立之初，贵族阶级就确立了元老的任职是终身制的。当一位元老去世后，国王被授权任命一个临时的替代者，君主任命临时元老的这一惯例最终演变成国王拥有选择元老的权力。

圆形便帽

丝绸或其他轻薄布料做的软帽，教士用来盖住头部。该词起源于拉丁语"soli Deo"，意为"只有上帝"，这意味着，神职人员只有在礼拜堂上帝面前才会摘掉帽子。

执政官

罗马共和国期间执政官除了执政，也要指挥军事行动，两位共同治理罗马的执政官轮流指挥军队一年，并代表国家与其他国家谈判，缔结和平条约。

中庭

位于罗马住宅内的中央庭院，罗马家庭的生活围绕着这个空间开展。

主教

教区的主教或大主教。罗马天主教会的最高级神职人员，此职位起源于古罗马负责主持各种宗教仪式和庆典的大祭司。